U0436492

数字化视野下的

乾隆花园

故宫博物院
北京清华同衡规划设计研究院

王时伟 胡洁 著

中国建筑工业出版社

序

宁寿宫花园位于故宫宁寿宫区西北部，建于1771年至1776年间（乾隆三十六年至四十一年），是为中国最长寿的皇帝乾隆（1711～1799年）退位后颐养天年而修建的，它是乾隆皇帝私人创造的产物，也是唯一一个专为皇帝退位后私人使用的帝王花园，故宁寿宫花园亦称乾隆花园。花园南北长160m，东西宽37m，占地面积5920m^2，整体分为四进院落，建筑布局精巧，结构组合紧凑、灵活，空间转换曲直相间，是中国古代皇家园林建筑中留存的具有独特建筑风格和历史风格的综合体，也是宫廷花园的典范之作。

中国宫廷建筑与中国园林建筑代表了两个文化体系，前者是“礼乐文化”，后者为“归隐文化”，而宁寿宫花园则自然融合了两者，成为集礼乐与归隐为一体的园林。作为乾隆皇帝的“宅园”，其设计建造过程在乾隆的亲自指导下完成，园林明确体现了乾隆本人归政、倦勤、怡情养性的思想。除了思想性的体现，宁寿宫花园亦是清代造园技术与艺术的高峰，花园在有限的空间条件下因地制宜，极尽所能地运用轴线错位、空间变换等手法，将园内二十几座建筑物设计得类型丰富、大小相衬，使得园林从布局、造景到装修、装饰都显示出非凡的灵巧与新颖。

为全面保护宁寿宫花园这一珍贵的古建筑遗产，探索与传承古建筑营造及修缮技艺，故宫博物院开展了“乾隆花园研究性保护项目”。项目中运用的三维测绘与数字重现技术在全国的园林建筑保护研究中尚属罕见，这些工作的开展对宁寿宫花园古建筑的研究与保护具有重要意义，深入而细致的测绘工作将完整地虚拟再现花园全貌，从而为进一步探索花园的技术与艺术、总结中国古代造园经验、做好未来的保护工作提供翔实的资料和科学依据。

单霁翔

前言

中国古代园林中，规模宏伟的帝王苑囿多选在自然条件优美、基地广阔的地点建造。如：辽代南京的琼华岛，金代中都瓮山行宫，明代北京玉泉山静明园、香山静宜园和清代三山五园以及承德避暑山庄等等。而私家园林一般多占地面积有限（十数亩），像苏州“留园”、“拙政园”、“狮子林”、“网师园”，扬州“何园”、“个园”等大多建筑在城市内，常与住宅相连，布局紧凑，婉约多姿。

乾隆花园采用私家园林造园手法，以建筑、游廊、山石等分隔空间，景点相连，活泼紧凑，变化有致。在建筑装饰方面，又与私家园林“不镀不雕，宁拙勿巧”的平素淡雅风格迥然不同，和大量凭借山野风光的皇家离宫也有区别。它既具有私家园林妩媚秀丽的庭园风貌，又与皇宫气氛相协调，两种风格巧妙结合。

乾隆花园在中国古典园林中具有独特地位。在两百多年后的今天，仍然受到人们的极大赞赏，这正是由于设计者一切从实际出发，灵活运用古典造园理论。如对“嘉则收之、俗则屏之”这一理论运用的发展。如园内建筑大胆使用各色琉璃瓦，彩画纹样多样化，墙体的五彩石贴面等。是对“不镀不雕，宁拙勿巧”这一造园理论的具体突破。而在它所处环境下，这种突破显然是成功的，设计者独具匠心。大到全园布局，小至一门一窗、一物一景的安排，都仔细推敲，构思巧妙。对今人来说，具有深刻现实意义。

乾隆花园采用现代数字手段进行精细勘测、记录、研究，是一项具有开创性的工作，对保护、研究这一珍贵文化遗产具有重要意义。

此书付梓之时距离项目结束已四年有余，四年前的先进技术和设备已逐渐普及，书内所展示的数字化技术和成果也得到了检验，并于2014年获得国家风景园林学会科技进步二等奖。技术是不断进步的，继完成了乾隆花园项目之后，又在御花园和其他古典园林中不断探索新技术和方法，获得了更准确的三维数据和更好的展示效果。VR（Virtual Reality，虚拟现实）技术和遗产监测技术都将应用于古典园林的保护和管理中。

紫禁城的古典园林，是宝贵的世界文化遗产，对其保护工作，功在当代，利在千秋。

目录

乾隆花园

数字化研究总论

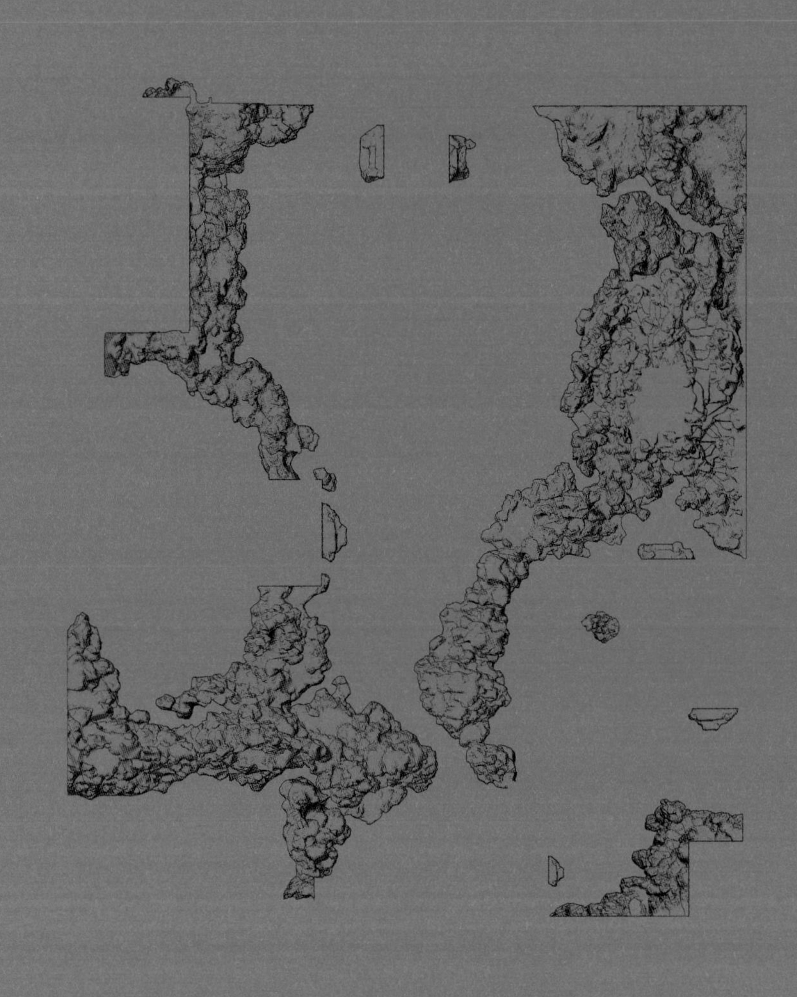

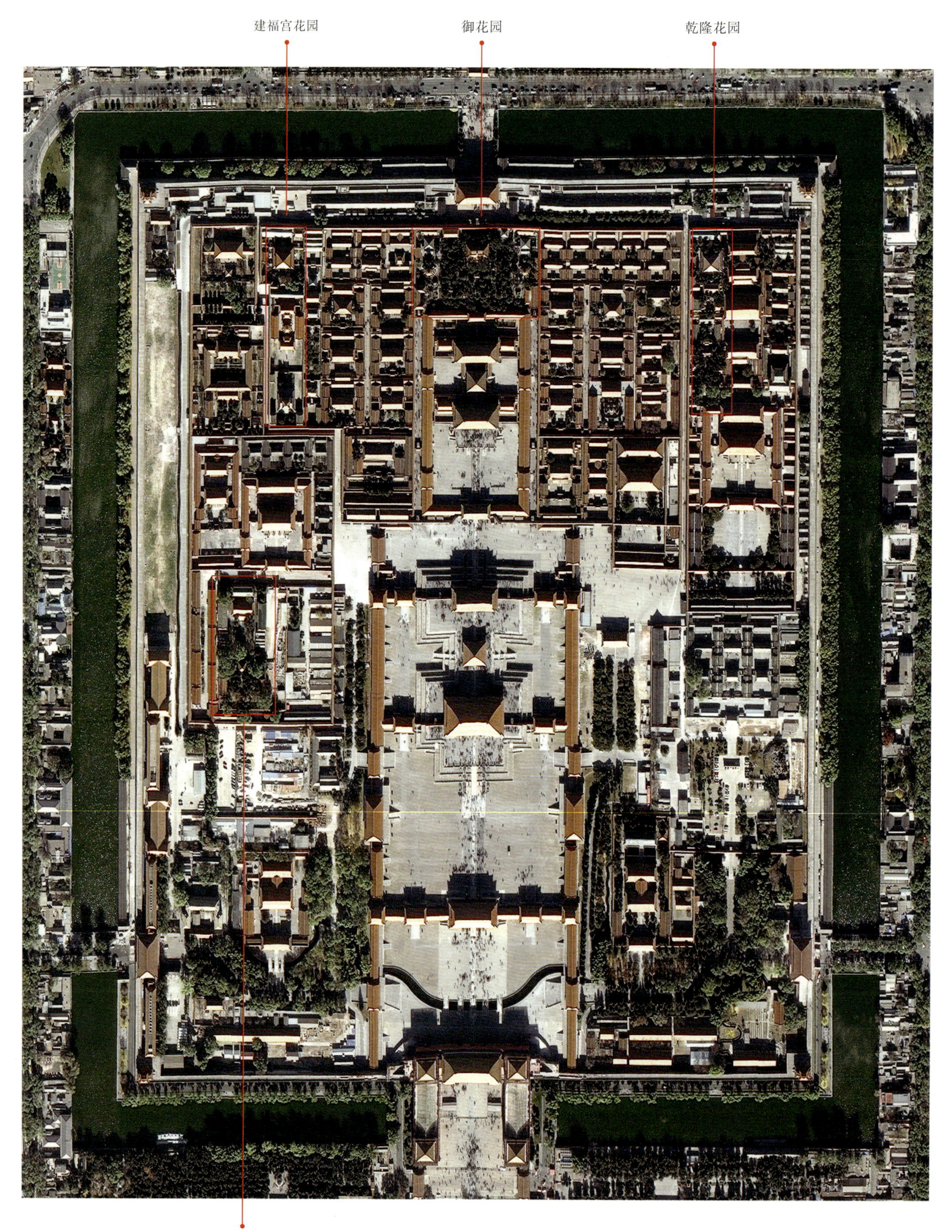

图 1-1　乾隆花园位置图

一、乾隆花园营造史略

（一）概况

北京宁寿宫花园坐落于紫禁城东北的宁寿宫内西路，修建于乾隆三十六年至乾隆四十一年间（1771～1776年），是故宫四个内廷花园之一（图1-1）。《大清高宗纯皇帝实录》中载“迨朕六旬大庆后，即敕豫葺宁寿宫，为将来优游颐养之所”，可见，宁寿宫花园是乾隆皇帝在位60年后归政养老、颐养天年的倦勤之所，是中国唯一现存的太上皇宫。由于花园是由乾隆皇帝亲自规划设计并主持建造的，且造园是为了乾隆皇帝归政养老，人们习惯上把宁寿宫花园又称作“乾隆花园”。

（二）营建史略

乾隆花园的营建历时近十年，共耗资134万余两白银。乾隆三十五年（1770年）八月十三日，乾隆下旨改建宁寿宫，随即建立宁寿宫总理事务处，由兵部尚书福隆安主持，大学士英廉、户部尚书和珅等共担重任。乾隆三十六年（1771年）十一月二十六日，总理事务处从内务府广储司预支白银五万两，用于次年开工准备石料、绳麻、山石等物料，正月二十九日，《奏销档》载“今岁拆修后面殿座，并院内堆做山石以及拆砌北面大墙等工”。乾隆三十七年（1772年），宁寿宫工程总负责人福隆安在奏折中称，“宁寿宫各殿宇已先后烫样呈览，批准兴建。”六月初八日，《奏销档》载“至成堆黄太湖石洞石壁，高峰山道西边成堆土山堆做青山石点景，以及白塔西边旧有南太湖石。经宁寿宫拆运三百七十七块，其所拆分位补堆青山石，并地基刨槽下柏木地丁，旧城砖留当山洞石壁，背后筑打灰黄土起创土山等项，所用黄太湖石、青山石及丁铁油灰杂料，并山子匠扛夫工价运价预难确估……”。十一月六日，又福隆安、英廉奏折曰“西边三友轩三间……西路衍祺门三间，抑斋二间，矩亭一座，撷芳亭一座，重檐三出轩禊赏亭一座，古华轩三间，旭辉庭三间。前殿遂初堂五间，西边延趣楼三间，耸秀亭一座，萃赏楼五间，转角楼仿玉壶冰六间，重檐符望阁二十五间。后殿倦勤斋九间，西边玉粹轩三间，叠落楼竹香馆三间。……西路符望阁前山上补建亭座，改堆山石”。乾隆三十九年（1774年），前路宫殿开工兴建。乾隆四十二年（1777年），七月初二日，福隆安、英廉、和珅、刘浩奏折曰“拆改抑斋一座，计二间，添后廊进深四尺，挪盖矩亭一座，游廊五间，改盖游廊二间，添盖游廊一间；成堆山洞，添建仙台一座，罩门券三座，扒头券一座，如意券龛一座；安砌青白石角柱、平水券脸过梁压面、汉白玉石栏板柱子、花斑石台面、细砖发券成砌台帮等项；……大墙外东北二面洩水暗沟一道，通长一百六十五丈二尺，口宽二尺，均深三尺二寸，沟帮下截并棚盖俱豆渣石，背底背后即上截沟帮俱灰砌城砖”。乾隆四十一年（1776年）宁寿宫花园建成。

二、乾隆花园的地位和价值

（一）内廷宫苑艺术之翘楚

故宫宁寿宫和花园的修建成功改变了故宫后半部分的整体格局。宁寿宫布局巧妙，建筑壮丽严整不失俊逸，装折陈设巧夺天工，可谓清代中期宫苑建筑的集大成者（图 1-2）。乾隆花园是紫禁城内廷四园中最灵活，又不失宫禁规整特色的案例。在长 160m、宽不足 40m 的狭长空间内，造园者克服种种不利条件，巧妙构思，于规整中见变化，融南北造园风格于一体，博采众家之长，呈现出高超的造园水准，是宁寿宫建筑群的点睛之笔，是中国古代园林史上不可多得的名园，亦是清代皇家内廷宫苑造园艺术的杰出代表。

（二）乾隆晚期造园风格之代表

乾隆皇帝非常喜爱园林，平生修建了许多为后人所津津乐道且具有较高艺术水平的经典园林作品，如乾隆十年（1745 年）修建了长春园、乾隆十五年（1750 年）修建了位于北京西北郊的大型天然山水园清漪园。大量造园实践积累了丰富的造园经验，并将精华集中于乾隆晚年乾隆花园的修建中。可以说，乾隆花园是在乾隆皇帝主持修建了大量具有较高水平的皇家园林之后的集大成之作，造园艺术水平可谓精湛。北京故宫乾隆花园的建造，从最初规划到建成都经过乾隆皇帝的亲自审阅，也代表了乾隆时期宫廷造园之风格。

如果说建福宫花园和乾隆花园代表了中国古典园林晚期较高的造园水平，由于建福宫花园毁于 1923 年的大火，乾隆花园则可作为乾隆盛世造园最完整的实物遗存，其基本完整地保留了乾隆时期的园林风貌和形制，真实地反映了中国清代皇家园林集大成时代所达到的艺术成就。

作为皇家大内御苑，乾隆花园的营造不仅体现了较高的园林艺术水平，而且还承载了丰富的皇家象征寓意，这也是乾隆时期皇家园林的特点：既体现了儒、道、释、帝的平衡统一，又表达了乾隆作为一代君王对一生功德圆满的圣王追求。其为后人研究清代帝王造园思想，特别是乾隆造园思想提供了珍贵的实物材料，乾隆花园的历史地位和艺术价值都不容小觑。

三、乾隆花园造园意匠

（一）布局

乾隆花园面积约 6400m^2，选址是一条狭长的地带，南北长约 160m，东西宽不足 40m，长宽之比约为 4.3∶1，北面和西面是高大的宫墙，东面紧邻养性殿、乐寿堂等宏伟高大的宫殿建筑，用地条件极其局促，可以用“左倚城隅直似弦”来形容。为了弥补园林地形过于狭长的缺陷，在布局上乾隆花园的规划设计颇具匠心，参照了江南私家园林的设计方式，巧妙地将园林划分成四进院落，将狭长的地形横向分隔为四个区域，每进院落空间分别采用了不同的主题，形成了不同的景观，又以直廊、斜廊、曲廊、路径、洞谷、阁道、飞桥穿插联络，平直与曲折相结合，开阔与幽深相交替，布局灵活多变，呈现出玲珑精致的造园艺术，达到了引人入胜的艺术效果（图 1-3）。

1. 非对称的布局

据《乾隆京城图》和故宫《奏销档》载，乾隆花园的设计建造乃是仿照建福宫花园而来，同时又由于整体规划和地形条件的限制，乾隆花园之布局模式更为灵活自由。通过每进院落的建筑布置、掇山置石，加强横向联系，处处体现着中国古典园林“巧于因借，精在体宜”的非对称布局。乾隆花园布局狭长，建筑紧凑，既无景可借，又无水可引，全园造景全赖山景与建筑的配合与变化，造园者以因地制宜的布局和灵活多变的堆造手法进行掇山和置石，体现出“园无石不秀”的造园思想，表现出或逶迤，或挺拔，或幽深，或险峻的艺术效果。

2. 音乐般的节奏

首先是花园整体如交响乐般的节奏。乾隆花园西面是高 8m 的笔直宫墙，东边紧邻养性殿、乐寿堂等宏伟的宫殿建筑，地段狭长，总体布局采用横向分隔院落的办法，巧妙地将狭长地段划分成了 4 个近似矩形的院落，每重院的空间地貌形态、景观风格、建筑形式、布局结构，甚至屋瓦的色彩等皆极尽变化、百般变换，四进院落各有特色，互不雷同，形成“四院五区”之“高、低、高、最高、尾声”的如音乐般的节奏和一条步移景异的纵深观赏路线。院落与院落之间既相互分隔而又互相联系，各院落之间以回廊、假山、墙垣和穿堂式建筑相互渗透穿插，隔而不断，互妙因借。

其次是每进院落内部的明确节奏。由于内廷花园位于宫城内部，自然景观不是很丰富、空间狭小，且花园的格局甚为局促，故一院之中其腾挪变幻也甚为丰富。

图 1–2　乾隆花园四进院俯瞰图

禊赏亭
旭辉庭
遂初堂西配殿
遂初堂
衍祺门
矩亭
撷芳亭
抑斋
承露台
古华轩
遂初堂东配殿

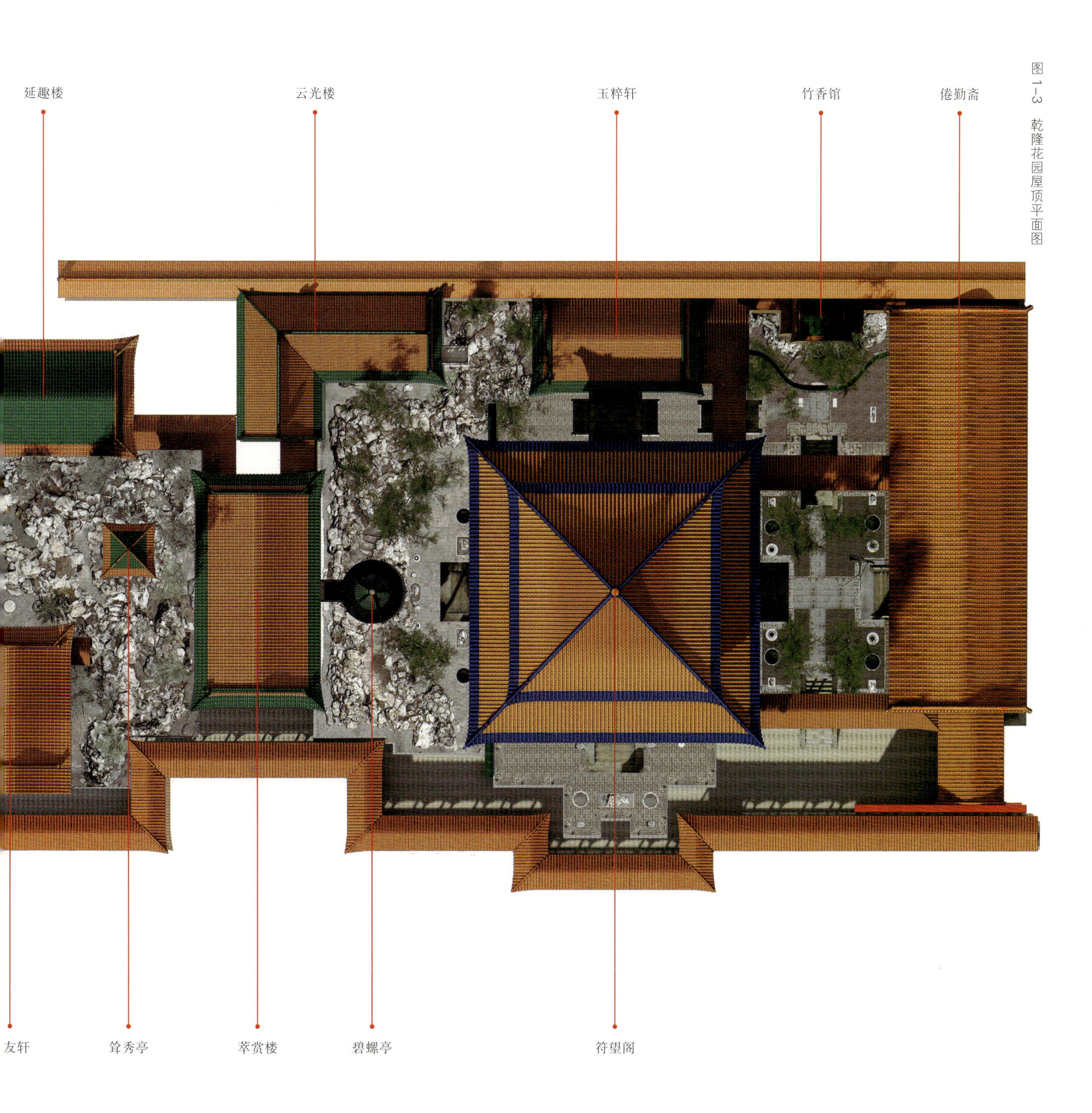

图 1-3 乾隆花园屋顶平面图

（二）山石

1. 山石材料

乾隆花园叠山所用石材来源较为复杂，主要以北太湖石（即房山石）为主，古朴自然，浑厚雄奇。另一种是掇山上使用的石笋类，此种石材开采于燕山的余脉京东盘山一带，其石质属于水成岩，石体纹理以大竖丝为主脉，间有横向的小核桃纹，系由青灰色细砂泥沉积而成，石体内还带有小而密的颗粒状卵石。宁寿宫各处共有大小叠石八处，需用大量优质的湖石，故不得不拆旧补新，拆旧的来源主要为西苑北海琼华岛上的旧山石。

2. 艺术手法

叠石造山是中国园林独有的造园艺术形式，也是表现传统园林风格的重要手段，反映了古人寄情田园山水、隐逸山林的追求和价值取向。乾隆花园叠山是清代庭院叠山的范例，内部三处假山多采用峭壁、悬崖、拔峰的手法，使人仰视而不能穷其巅末，颇具幽奥的气势，集种种变化和丰富的意境于一园。乾隆花园在山石技法上的穷极变幻达到了令人叹为观止的程度，清代园林叠山形式的丰富、手法的完备、法度的严谨等特点在这里表现得淋漓尽致。其山石艺术具体处理手法如下：

开门见山　峭壁屏山。第一进院，门掩无华，开门见山，两组假山将内景深藏不露，只在山石之巅泄出禊赏亭一角，古楸掩映，相互顾盼。园中高山多用峭壁叠法，陡直的峭壁，高耸挺拔，所用石材大小相同，叠砌凹凸错落，模仿自然山峰峭壁。于峭壁上端往往挑出巨石，做成悬崖之势，即所谓“使作客仰视，不能穷其巅末，斯有万丈悬崖之势”，这就是悬崖与陡壁相结合的叠山效果，高超的叠山手法于咫尺间营造出无穷变化之态（图 1-4）。

围合屏蔽　闹中取静。花园内的建筑由于受到宫城建筑的影响，多富丽堂皇、雍容华贵、密度较大。尽管如此，建筑尽量求其体形、装饰、装修上的变化以适应园林的气氛，建筑与叠山紧密结合。古华轩庭院以假山形成“山包院”结构，闹中取静，以幽克喧。

巅越飞梁　无水为涧。萃赏楼前假山与楼阁之间架以石板小桥，凌空飞渡，直达二层，势如假山绝壁间的飞梁，而楼阁与假山的间隙无异于深山大壑，营造出“理涧壑无水，似有深意”的意境。掇山之中暗藏玄机，院内交通通过掇山之上的蹬道及山内隧洞来进行组织。如三进院假山山洞内有厅，两小一大，大厅面积达 6 ㎡，且有采光窗洞。整座大掇山犹如一座迷宫，穿行其中，令人有“不识庐山真面目，只缘身在此山中”之感。

洞台结合　以近求高。古人语“叠山重顽拙”，遂初堂后第三进院落的景致以大型叠石掇山为主题，“顽拙”之妙极易品味。庭院中央峰峦迭起，石洞幽深，中有山谷相连，蜿蜒曲折，洞谷相通，满目悬崖陡壁，亭台耸秀，环山布置建筑，形成山洞与厅堂四面相通之态，人入其中如临深山大壑。坐落在三进院大假山之巅的耸秀亭，通过缩短与萃赏楼之间距离，增大观赏者仰视视角的方式，达到“以近求高”的目的。

乾隆花园的叠山是清代较为成熟的掇山作品之一。由于宫禁造园场地限制极为严格，加之无天然水源，全园景观以叠石为主，运用了建筑、山石局部的各种技巧，在极为有限的空间内

图 1-4　一进院假山开门见山

辗转腾挪，展现出丰富的空间变化。其布局手法、堆叠技术以及空间营造等方面堪称中国皇家小庭院叠山的典范（图 1-5）。

（三）植物

1. 植物种类

乾隆花园中的植物共计 97 株（包括已衰亡的 3 株树与现存的 2 片竹丛），可以分为乔木、竹丛、灌木和花卉 4 种。古乔木是最重要的历史遗存，并且一直以来作为重要保护对象，其中被列为一级古树的乔木有 5 株，被列为二级的有 50 株，详见乾隆花园植物数据记录表。

全院乔木类植物以柏树（占 90% 以上）为骨干，杂以松 2 棵、楸 3 棵、枣 1 棵、椿树（已死）共 80 余棵乔木，植物搭配注重常绿植物以适应冬景园之需，广泛应用松柏、丁香等本土植物，以侧柏、桧柏、油松为基调树种（图 1-6、表 1-1）。

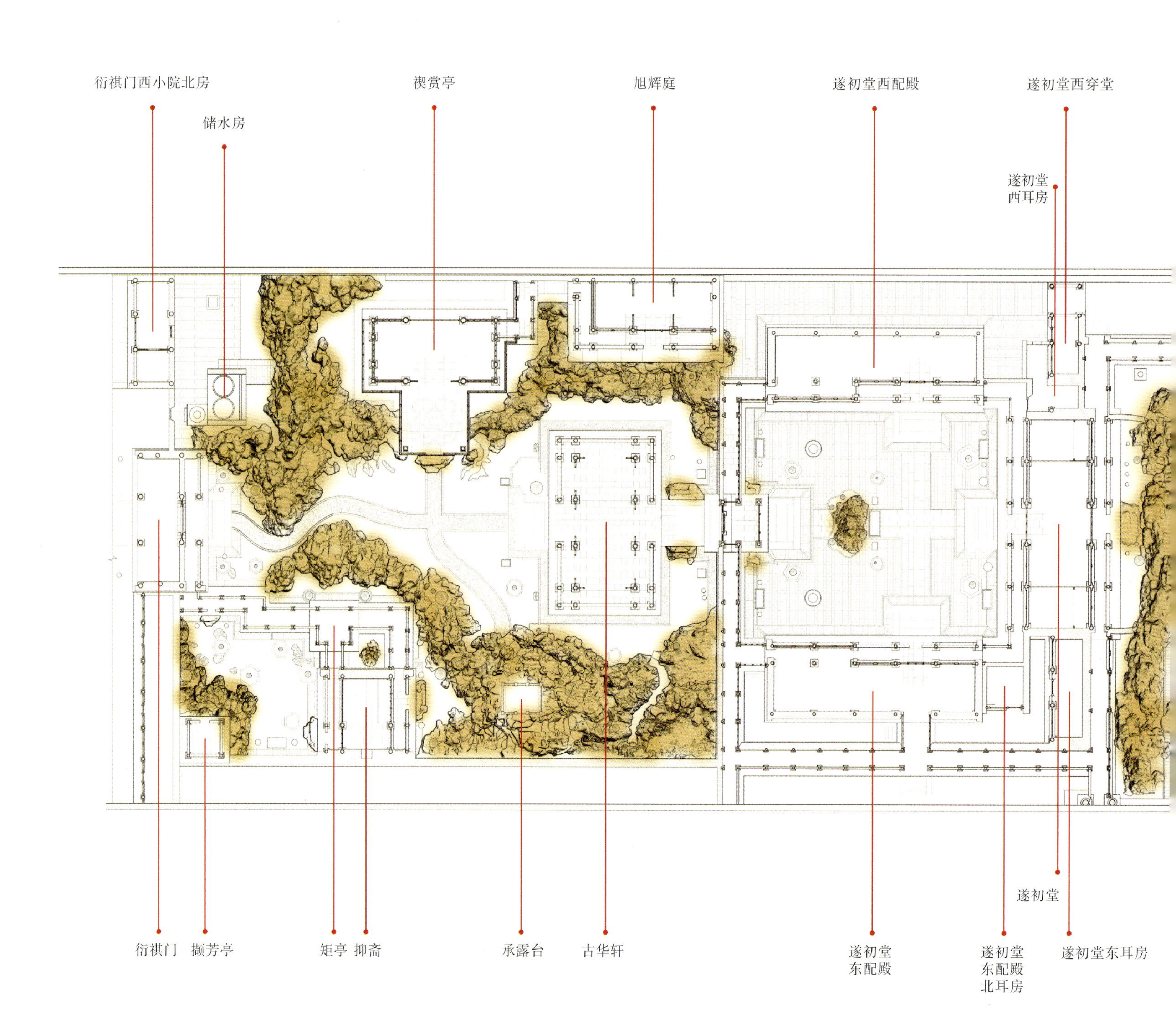
衍祺门西小院北房
储水房
禊赏亭
旭辉庭
遂初堂西配殿
遂初堂西穿堂
遂初堂
西耳房
遂初堂
衍祺门
撷芳亭
矩亭
抑斋
承露台
古华轩
遂初堂
东配殿
遂初堂
东配殿
北耳房
遂初堂东耳房

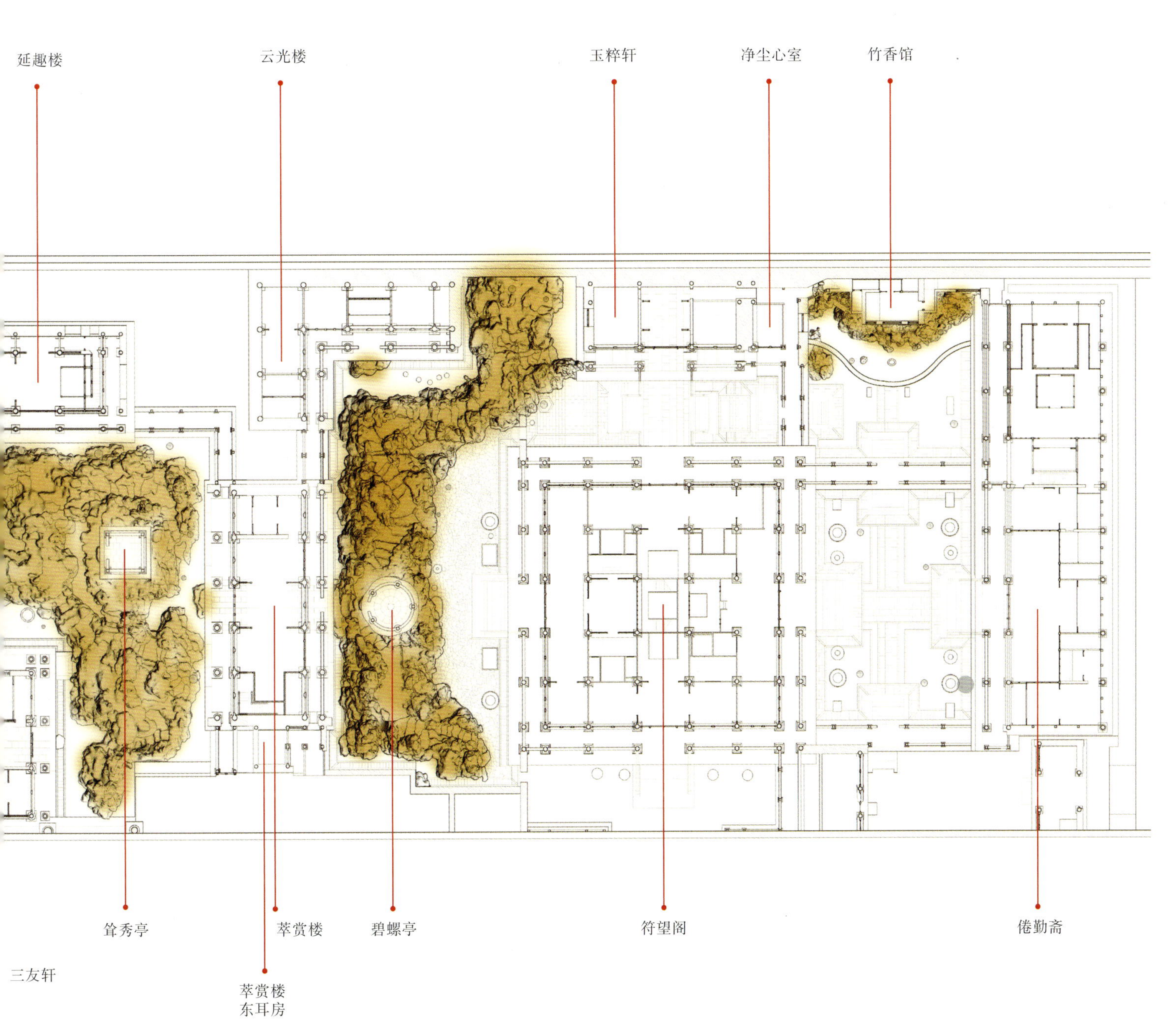

图 1-5 乾隆花园假山分布图

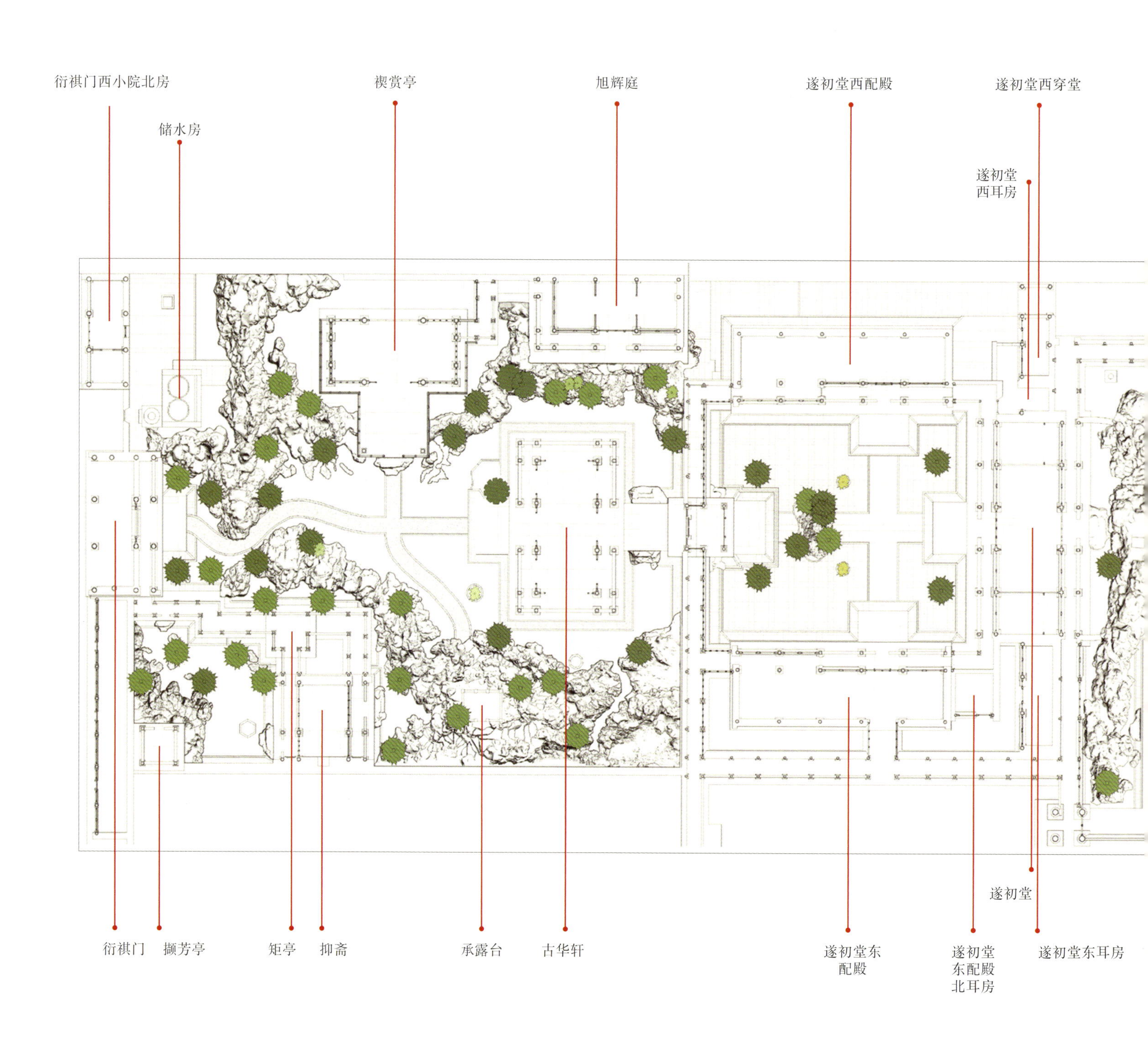

衍祺门西小院北房
储水房
禊赏亭
旭辉庭
遂初堂西配殿
遂初堂西穿堂
遂初堂
西耳房
遂初堂
衍祺门
撷芳亭
矩亭
抑斋
承露台
古华轩
遂初堂东
配殿
遂初堂
东配殿
北耳房
遂初堂东耳房

图1-6 乾隆花园植物分布图

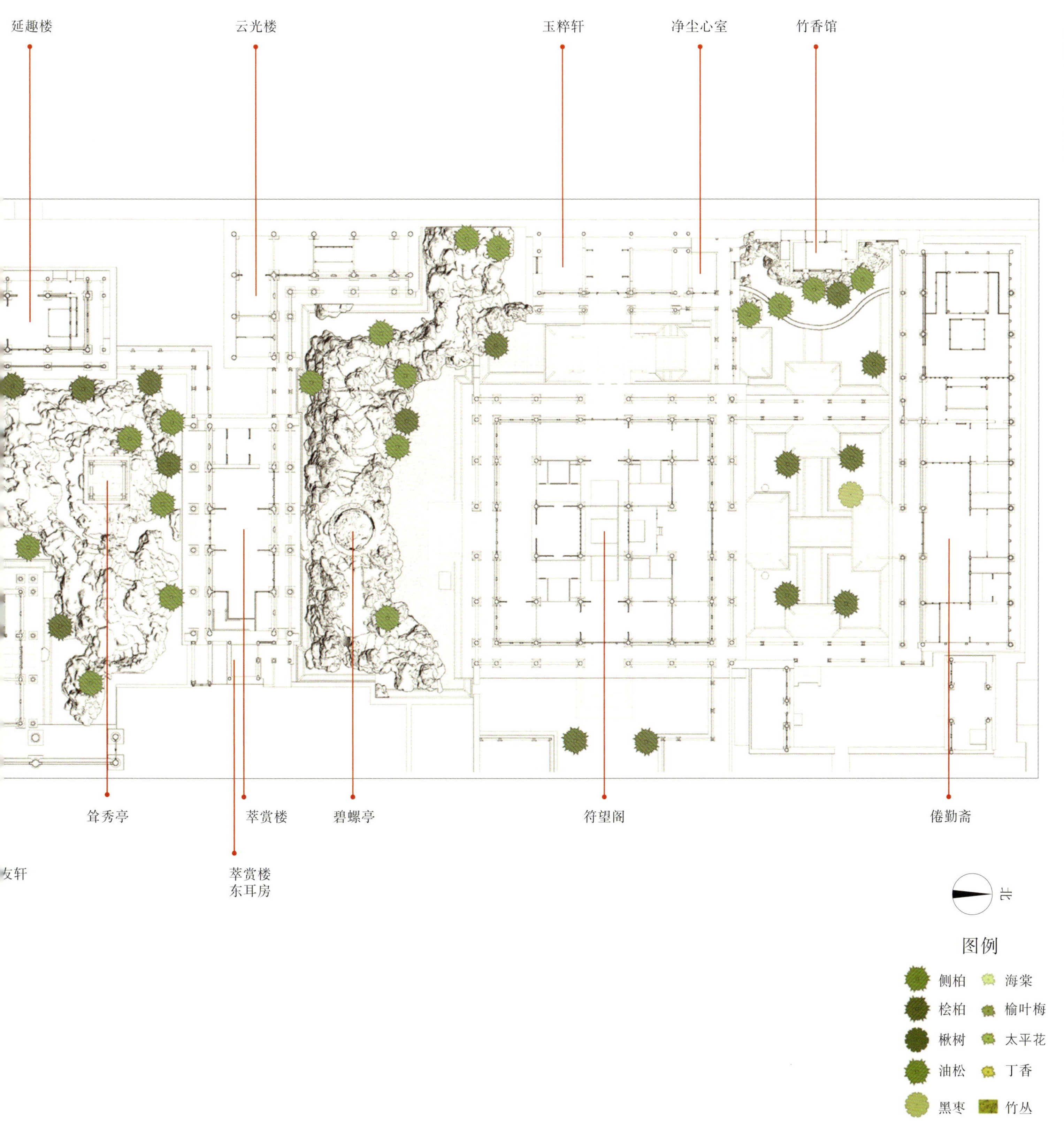

乾隆花园植物数据记录表 表 1-1

植物编号	树种	大约树龄	树径（1.5m 高）	北京地区编号
Y1-01	侧柏	51~300	56cm	11010102074
Y1-02	侧柏	51~300	40cm	11010102073
Y1-03	桧柏	51~300	34cm	11010102063
Y1-04	侧柏	41~50	27cm	
Y1-05	侧柏	51~300	66cm	11010102072
Y1-06	侧柏	41~50	18cm	
Y1-07	桧柏	51~300	32cm	11010102062
Y1-08	侧柏	41~50	20cm	
Y1-09	桧柏	51~300	37cm	11010102061
Y1-10	侧柏	51~300	40cm	11010102071
Y1-11	桧柏	51~300	35cm	11010102060
Y1-12	海棠	41~50	33cm	
Y1-13	侧柏	51~300	43cm	11010102070
Y1-14	丁香	41~50	34cm	
Y1-15	侧柏	301~500	90cm	11010102056
Y1-16	侧柏	301~500	85cm	11010102057
Y1-17	油松	51~300	50cm	11010102077
Y1-18	侧柏	41~50	23cm	
Y1-19	海棠	41~50	51cm	
Y1-20	桧柏	51~300	42cm	11010102059
Y1-21	侧柏	41~50	26cm	
Y1-22	桧柏	51~300	27cm	11010102079
Y1-23	侧柏	51~300	38cm	11010102076
Y1-24	桧柏	51~300	41cm	11010102058
Y1-25	侧柏	41~50	21cm	
Y1-26	桧柏	51~300	60cm	11010102064
Y1-27	桧柏	51~300	30cm	11010102065
Y1-28	侧柏	41~50	26cm	
Y1-29	榆叶梅	20	30cm	
Y1-30	侧柏	41~50	26cm	
Y1-31	侧柏	41~50	20cm	
Y1-32	桧柏	51~300	34cm	11010102066
Y1-33	桧柏	51~300	52cm	11010102067
Y1-34	桧柏	51~300	30cm	11010102068
Y1-35	楸树	301~500	60cm	11010102055

续表

植物编号	树种	大约树龄	树径（1.5m高）	北京地区编号
Y1-36	楸树	41~50	40cm	
Y1-37	侧柏	51~300	32cm	11010102075
Y1-38	太平花	20	14cm	
Y1-39	太平花	20	20cm	
Y1-40	侧柏	51~300	30cm	11010102078
Y1-41	侧柏	41~50	24cm	
Y1-42	榆叶梅	20	5cm	
Y1-43	桧柏	51~300	52cm	11010102069
Y1-44	楸树	301~500	52cm	11010102054
Y2-45	桧柏	51~300	39cm	11010102080
Y2-46	桧柏	51~300	42cm	11010102085
Y2-47	丁香	41~50	22cm	
Y2-48	桧柏	51~300	33cm	11010102083
Y2-49	桧柏	51~300	37cm	11010102082
Y2-50	丁香	41~50	40cm	
Y2-51	桧柏	51~300	18cm	
Y2-52	桧柏	41~50	42cm	11010102081
Y2-53	侧柏	41~50	25cm	
Y2-54	侧柏	41~50	23cm	
Y2-55	侧柏	41~50	16cm	
Y2-56	桧柏	51~300	34cm	11010102084
Y3-57	香椿（残）	51~300	55cm（20cm高）	
Y3-58	桧柏	51~300	60cm	11010102109
Y3-59	侧柏	51~300	30cm	11010102111
Y3-60	丁香	41~50	28cm	
Y3-61	油松	41~50	10cm	
Y3-62	桧柏	301~500	60cm	11010102105
Y3-63	侧柏	41~50	25cm	
Y3-64	侧柏	51~300	37cm	11010102110
Y3-65	侧柏	41~50	25cm	
Y3-66	桧柏	51~300	35cm	11010102108
Y3-67	侧柏	41~50	13cm	
Y3-68	桧柏	51~300	35cm	11010102107
Y3-69	桧柏	51~300	40cm	11010102106
Y3-70	桧柏	41~50	27cm	
Y3-71	侧柏	41~50	15cm	

续表

植物编号	树种	大约树龄	树径（1.5m 高）	北京地区编号
Y4-72	侧柏	41~50	37cm	
Y4-73	侧柏	51~300	35cm	11010102103
Y4-74	侧柏	41~50	28cm	
Y4-75	桧柏	51~300	45cm	11010102101
Y4-76	侧柏	51~300	30cm	11010102102
Y4-77	桧柏	51~300	55cm	11010102100
Y4-78	侧柏	51~300	30cm	11010102104
Y4-79	侧柏	41~50	27cm	
Y4-80	丁香	41~50	32cm	
Y4-81	侧柏	41~50	30cm	
Y4-82	侧柏	51~300	30cm	11010102099
Y4-83	桧柏	51~300	40cm	11010102095
Y4-84	侧柏	51~300	29cm	11010102097
Y4-85	桧柏	51~300	32cm	11010102096
Y4-86	侧柏	51~300	30cm	11010102098
Y4-87	侧柏	41~50	18cm	
Y4-88	桧柏	51~300	35cm	11010102093
Y4-89	黑枣	21~40	30cm	
Y4-90	桧柏	51~300	60cm	11010102092
Y4-91	桧柏	51~300	50cm	11010102091
Y4-92	桧柏	51~300	60cm	11010102094
Y1-93	竹			
Y3-94	竹			
Y4-95	桧柏		55cm	11010102089
Y4-96	桧柏		56cm	11010102090
Y1-97	太平花			

2. 植物配置艺术手法

囿于宫廷内树的种类有限，且数量不多，所以乾隆花园在种植方面采用“以少胜多”的艺术手法，充分发挥植物的各种功能，为营造独特的意境服务，使其风格更趋于自然，植物在建筑和山石为主的庭院空间内，起到了良好的衬托和组织景致的作用。其次，重在植物的屏蔽作用。造园的“屏俗收嘉”手法多从建筑设计上来讲，但是山石庭院尤其离不开植物的陪衬，凡精美之掇山，必有精美的植物陪衬，尤其在乾隆花园这样方寸之间见出性情的庭院中更无例外，通过造园者精心搭配和构思，树木在每进院落的布局中起到了重要的屏俗作用。

3. 象征寓意

乾隆花园中的植物具有丰富的象征寓意，植物造景突出以松竹梅为主题。如三友轩以松景为造园题材，建筑窗棂、隔扇、圆光罩上，都有精美的松竹梅透雕、浮雕或绘画，将“心远地偏”之圣修慎独的心境、意境表达得淋漓尽致；遂初堂庭院以柏树为主，庭荫匝地之景，而非嫣红姹紫，体现“唯静观方能遂初愿”之境。

（四）杂类

1. 铺地

乾隆花园地面铺装做法比较复杂，包括道路、建筑散水、院落铺墁等不同形式。依据铺装的材料做法可分成石子铺地、砖铺地、五色石铺地三种基本形式（图 1-7）。

2. 摆件

除铺地外，杂类小品中很重要的一类为花园内的摆件，与文人花园和其他皇家园林不同，乾隆花园采用了一种极为奢侈的方式来展现财富和品位，这在花园中极其丰富的摆件中体现得尤为明显。乾隆花园至今保存有很多配有陈设座的庭院陈设，但是仍然有相当数量的陈设座或残缺不全，或倾倒弃置，据此推断，在乾隆时期，庭院陈设的密度是远高于今天所见的（图 1-8 ～图 1-10）。

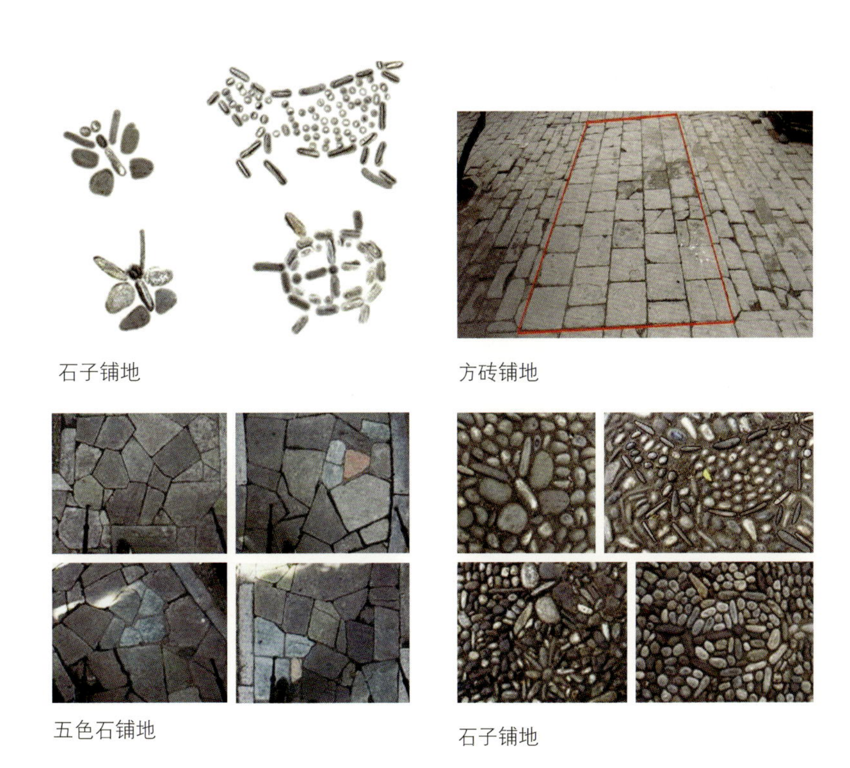

图 1-7　乾隆花园铺装图

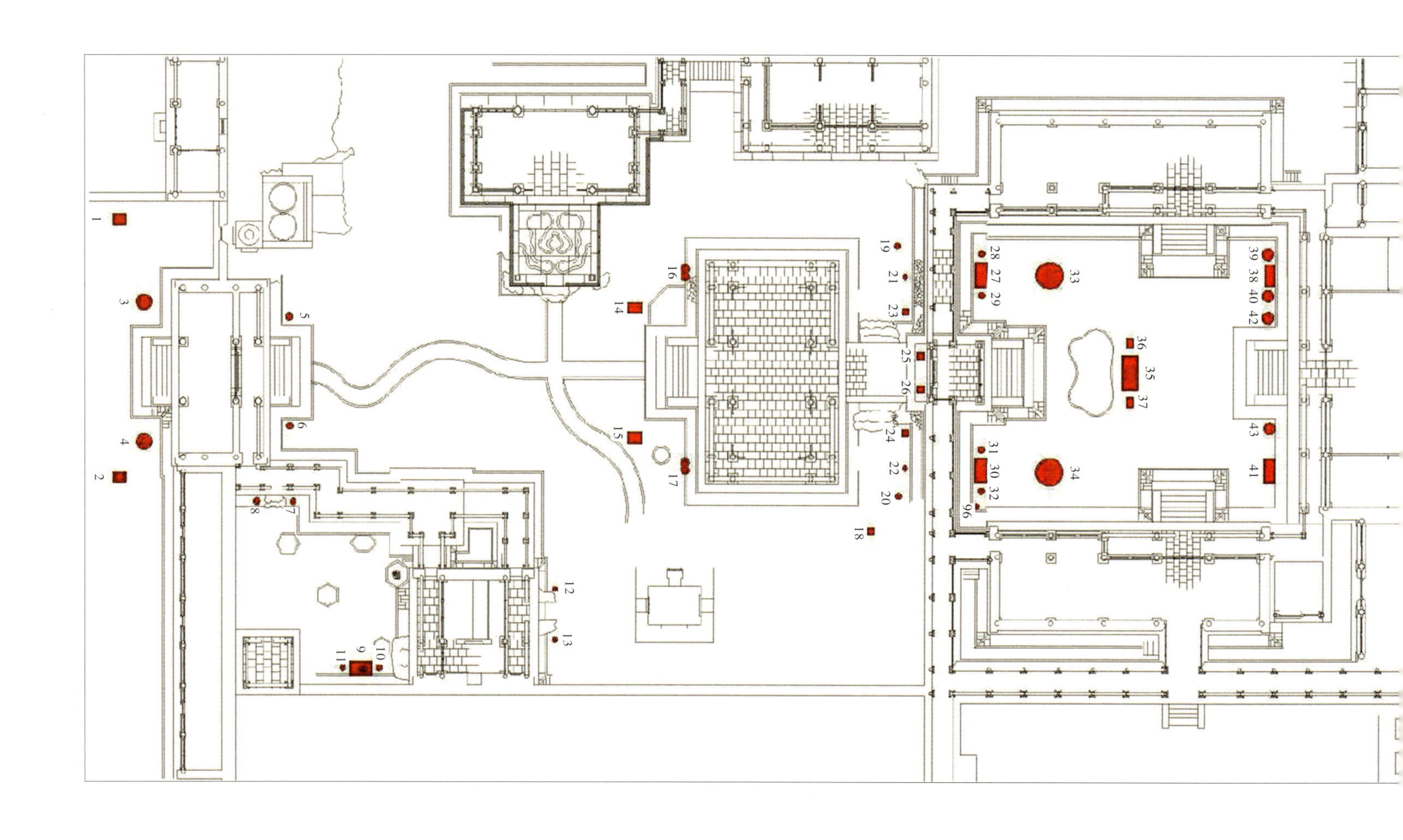

图 1-8 乾隆花园摆件分布图

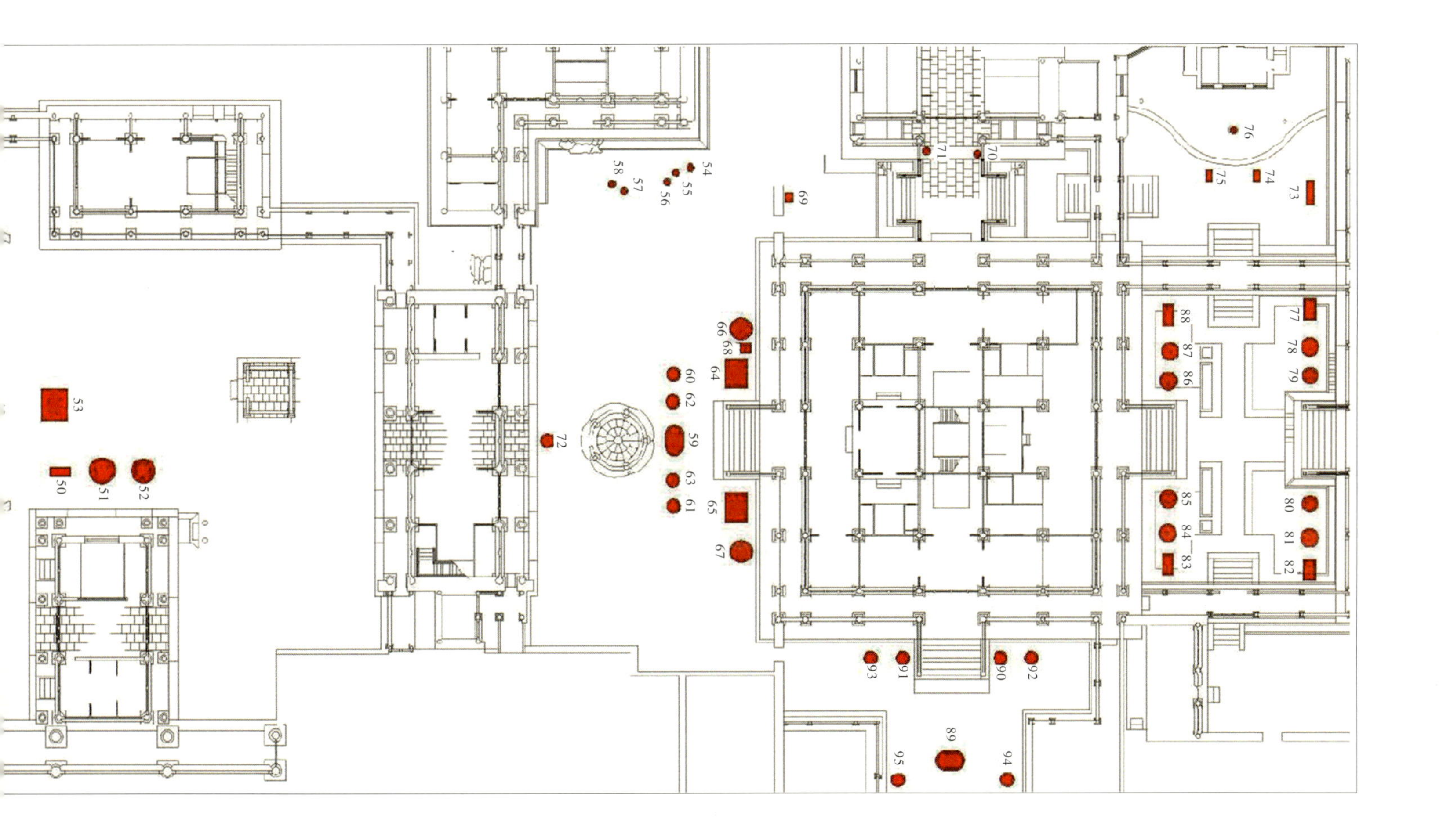

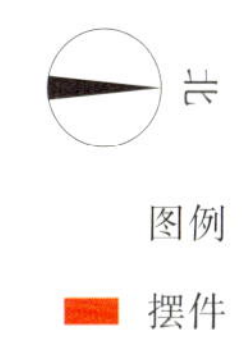

图例

摆件

图 1-9　摆件数字化

图 1-10　一进院抑斋摆件数字化

四、基于现代测绘技术的北京故宫乾隆花园保护

（一）测绘技术的发展沿革

20 世纪 60 年代前，测绘技术还停留在皮尺、钢卷尺、水平仪、经纬仪的模拟测绘，测绘工具简单，耗时耗力，更新困难，由于需要人为的移动操作，所以周期较长，并且为满足数据精准的需求甚至需要进行多次重复测量。纵观这一时期，由于技术手段的限制，测量误差在厘米甚至分米级，并且对于古代文化遗存的测量主要集中在古典建筑领域，对于古典园林的测绘比较鲜见。

至 20 世纪 60 年代，测绘技术发展到数字化阶段，出现了能实现测量和数据处理电子化的全站仪，一定程度上提高了测绘的精度和速度，使得测量误差缩减到毫米级别，并且使得测绘技术具有了一定的灵活性。

20 世纪 80 年代后，三维激光扫描仪出现，大大提高了测绘的精度，并且不但能对被测物体从几何图形上和真实尺度上实现精准定位测量，而且还能对其质感、色彩、纹理、现存状态做出真实的记录和反映，这使得对于古代遗存资料的收集、理解以及对于文物价值的判读等工作都得到了不同程度的提高。最初源于摄影的摄影测量技术，经过模拟和解析化的发展进入到数字化的阶段，使测量技术摆脱了环境和气候等外界条件的限制，在非接触物体的情况下实现了对被测物真实信息的记录，实现了被测物三维立体模型的重建。

（二）传统测绘技术的局限

由于传统的测量技术从全站仪，到 GPS（全球卫星定位系统），再到高精度激光扫描，都只是在线性的空间，如点线面的范围内进行记录，其中对于被测物的质感、材质机理、色彩、现状保存状态和由于岁月的破坏而产生的与原尺寸差异的对比等问题都没有有效解决。

传统测绘技术对于古代文化遗存的测量存在一些不尽如人意之处，主要表现为：（1）对于文物保护技术手段的缺乏；（2）对于文物现存状态真实反映的不足；（3）对于文物全方位数据收集的缺乏；（4）对于在不可抗的自然力和人为力的破坏情况下修复措施的缺乏。

而现代化三维摄影测量技术则对文保和古典园林测绘发挥了重要作用。如在故宫御花园的测量过程中，现存碑刻上有一组模糊的字体，仅凭肉眼难于判别和辨认，但是通过数字化的现代摄影测量技术能较准确地将其提取出来，通过相关三维软件对其材质、光感、机理等因素进行综合处理后，字迹能较清晰地呈现出来，供研究人员进行分析和研究。

由此可见，传统测量是基于几何数据的收集，且精度不高，难以满足对古代

文化遗存保护和研究的需求。而现代数字化测绘技术，将测绘精度从原来的厘米、分米级提高到了毫米级的较高水平，并且对于被测物质感、色彩、现存状态，如风化程度、破损程度等都能进行立体的全方位的记录和呈现，是从对立体空间数据的留存到全方位数据留存的一次具有里程碑性质的革命。

（三）现代测绘技术的特点

1. 非接触性

传统的测绘方法建立在手工操作的基础之上，使用手工测量和绘图，测绘成果的精确度和工作效率有待提高；测绘者必须直接接触物体才能够实施测绘；复杂而有规律的曲面几何形体、建筑部位或构件无法精确测绘。乾隆花园经历了数百年的岁月变迁，由于雨淋、风化、地震等多重自然因素和人为因素的影响，其中的掇山、摆件、铺装等元素都存在着不同程度的变形和破损。为避免测量作业对文物造成影响，拟选用不接触被测物体的方法，实现对古典园林的精确测绘。

2. 精确性

三维虚拟再现的目标是要让模型具有几何准确性，并达到照片级的真实感和场景的完整性。且还要让数字模型在形状、位置、色彩等方面忠实于原物，并达到高精度的要求。其可确保重建后的三维场景模型具有和真实场景一致的几何信息，如模型中掇山的尺寸可测量，并且数值与真实场景的实际数值相近或在误差允许范围内。

3. 真实性

乾隆花园的数字化要素主要包括建筑、掇山、植物、铺装和摆件。掇山均为天然石材堆叠而成，体积、质量巨大，形状极其不规则，形态变化丰富，为此次测绘的重点和难点。植物的数字化要考虑如何最大程度地符合植物特征，能够在模型上区别植物的种类和其丰富的空间姿态。乾隆花园铺地材料丰富，有石子、五色石、条石和青砖等，还有利用不同材质组合而成的图案精美、色彩丰富的各种地纹。摆件结构形体复杂，表面纹理细致丰富，除准确记录其外观形态、位置及尺寸外，如何细腻地展现其精美纹理，也是此次数字化研究的难点。

（四）基于现代测绘技术的乾隆花园保护

古典园林的测绘与一般古建筑测绘区别巨大，如何对掇山、花木、铺装等不规则的园林要素进行准确测绘、表达、重建、再现，都是极有挑战的技术难题。本项目主要运用了多种测绘技术如全站仪、近景摄影测量、三维激光扫描技术和三维虚拟展示系统（citymaker）来达到这一目的。如使用全站仪完成了花园平面图修测；使用三维激光扫描技术完成掇山的数据采集及建模；使用近景摄影测量技术完成铺装平面的测绘等。最终实现对乾隆花园的精确测量，且利用测绘成果将乾隆花园全景进行了数字化重建，这具有如下重大意义：

1. 对文物现实状态的体现，对年代变迁、岁月痕迹的保留

三维数字测绘技术对于文物的保护和资料的整合收集具有较高的应用价值。现存的古典园林是古人留下的一笔宝贵的文化遗产，对于研究中国古典园林的造园艺术具有重要的学术价值，是现代人了解古典造园的一个展示窗口。但是，由于战乱兵燹、地震、洪水、火灾等自然和人为原因的破坏使得很多历史上盛极一时的名园遭到破坏而不能流芳后世，所以对于现存古典园林的保护和数据留存尤为重要。

中国古典园林营建强调“有法无式”，园林要素组合搭配灵活多变，这曾经给基于几何形体模拟测量技术的数据留存带来极大的不便和困难，同时也使得现存古典园林数据的提取存在诸多盲区。本次课题利用的三维数字化技术突破了传统测绘技术的局限，不但对于古典园林几何形体数据达到了精确数据留存，而且对于园林现存状态，园林要素的质感、纹理、色彩等信息进行了全方位记录，是对现实状态的真实记录，通过不同时期的不断记录可体现出时代变迁及岁月留下的痕迹，这也是资料留存的重要进步。

2. 对古典园林修复的价值

三维测绘技术对于古典园林的原样修复问题具有重要价值。在自然或人为等不可抗力的作用下，或者随着岁月的累积，古典园林中的建筑、山石、水体、植物、铺装、摆件等元素会受到不同程度的损坏，需要对原有状态数据的精确化收集。三维数据的收集不但能记录文化遗存的几何形状、质感、纹理、色彩等多方面信息，而且还能表示文物的空间气质与状态，这些对于后世园林的修复工作具有重要的指导意义。

3. 对教学和科研的价值

三维数字测量技术对于教学和科学研究的价值不言而喻。首先，它更直观地反映了园林的真实状态，是园林遗产的科学记录档案，详细记录了园林各方面的状况、尺度、形象特征、营造细节、色彩质感，甚至包括环境特征和场所精神。其次，对于古典园林的日常维修、损坏后的修复、异地仿建亦提供了一套完备、直接且精准的资料。再次，三维数字测绘技术带来的直观游走体验，为古典园林教学提供了最真实、最具说服力的案例。

4. 对文化传播推广的价值

信息化背景下的现代三维测绘技术是古典园林展示的重要手段。由于三维技术和虚拟现实技术的结合，使得在完成古典园林三维数据收集的同时能实现对被测物三维动态的展示，加之互联网技术的运用，使测绘成果实现了信息化。人们可通过虚拟网络上三维模型的操作实现足不出户对古典园林的游赏体验，如故宫正在进行的全球系列的展览展示活动。应用我们对于故宫乾隆花园测绘的成果，即可进行虚拟三维游走的园林体验，大大扩展了欣赏文化遗产的受众范围，这对于其他古典园林具有示范作用，对于古典园林的记录和宣传具有意义重大。

五、总结

乾隆花园相对完整地保留到了现今，有着独一无二的历史与艺术价值。为了更好地保护乾隆花园承载的物质和非物质文化遗产，首要的基础工作就是对其进行全方位的精确测绘。对于古典园林的研究和测绘，相对于建筑来说，存在很多的空白点，本研究的意义就在于在掌握现代测绘技术的基础上，用风景园林的专业视角和专业知识，进行中国古典园林的测绘。

此次工作的意义并不是简单的测量，而是为满足文保的需求，整合多学科知识点的综合成果。对古建筑、风景园林及风景园林中变量很大的假山石的整理，是测量技术人员、古建筑专家与风景园林专业人员等多学科综合研究成果的展示。

本研究的成果主要包括：（1）对假山石的精准测绘，对于假山石的来源、堆叠风格时代的判断，乃至可以为后世假山石的修复提供准确的三维模型信息；（2）对现存树木信息的收集；（3）对于摆件和铺地的三维信息的收集。这些基于现代测绘技术的三维信息成果从很大程度上丰富了对风景园林营造技术的探索。它不但对于古典园林研究和教学起到了重要的推动作用，还将影响现代园林设计的体系，这亦是我们坚持八载，恒心不变，最终完成乾隆花园整体精确测绘的意义。乾隆花园数字化测绘工作记录见表 1-2。

乾隆花园数字化测绘工作记录　　表 1-2

年份	工作内容、采用技术、工作范围	取得成果
2009 年	组建团队。 利用全站仪、皮尺和手绘等方式对抑斋建筑、植物、铺装、摆件和假山进行测量，获取了场地内平面和立面数据，并在 AutoCAD 中完成平面图制作，在 SketchUp 中进行建模与动画渲染，并完成成果文本编制	抑斋平面图、立面图、三维模型
2010 年	人员变动，项目半停滞状态	
2011 年 技术探索	重新组建团队。 利用第一阶段方法，尝试对一进院其他区域进行测绘；完成了平面控制测量。由于假山体量更大，环境更为复杂，采用了一种新方法，利用全站仪对假山大规模密集取点，利用 Geomagic 进行自动封面，在一定程度上确保了假山位置和形态的准确性。在这一过程中利用全站仪对大乔木主要枝干进行密集测绘，并且对植物进行多角度拍摄影像，从而确保了植物三维空间姿态的准确性。利用 3DS Max 和 Vary 渲染器对成果进行建模、烘焙和渲染，进一步提高了三维模型的真实度和逼真度。在这一过程中也发现了问题，园林要素几何形状不规则、纹理复杂，利用传统的测绘技术获取三维数据采用人工建模的方式无法真实地还原园林要素特征，拟采用新技术新方法对古典园林进行三维重建。 尝试采用摄影测量与三维激光扫描仪对场地进行测绘，尝试了国内外多款摄影测量软件，对假山进行测绘，提高了模型的几何精度与纹理的真实度	一进院动画、阶段文本
2012 年 全面测绘图纸绘制与成果制作	对其他院落铺装进行控制测量，并利用摄影测量和三维激光扫描仪对园林要素进行三维扫描，获取海量点云数据；基于点云数据对园林要素进行三维重建，获得完整模型。将模型烘焙后置入 Citymaker 平台中，实现场景的三维漫游。完成了平面图、立面图、剖面图、透视图等大量图纸绘制	图纸、模型动画
2013 年 历史研究、专家访谈、成果制作	在故宫第一历史档案馆查找了关于乾隆花园的《奏效档》、《黄册》等原始资料，对乾隆花园历史进行梳理研究。 访谈了国内著名假山匠人、古建筑、古典园林相关专家，针对乾隆花园造园历史和艺术价值进行了研究讨论，完成了最终的研究文本。 2013 年 12 月，在故宫第一会议室进行了专家评审，成果获得专家肯定，认为技术路线达到国际一流水平，历史及文化研究深入，专家评审通过	历史档案、专家访谈记录、文本成果
2014 年	年初，与中国建筑工业出版社取得联系，沟通出版事宜	
2015 年 资料准备、成果整理阶段	邀请摄影师按季节拍摄乾隆花园景色。 申请中国风景园林学会科技进步奖。 获得中国风景园林学会科技进步二等奖。 御花园数字化探索和摄影测量技术的应用	
2016 年 新项目落地开花	乾隆花园样书初步完成，书名暂定“数字化视野下的乾隆花园”。 御花园数字化部分成果整理，与故宫博物院达成合作协议	

乾隆花园
数字化测绘技术

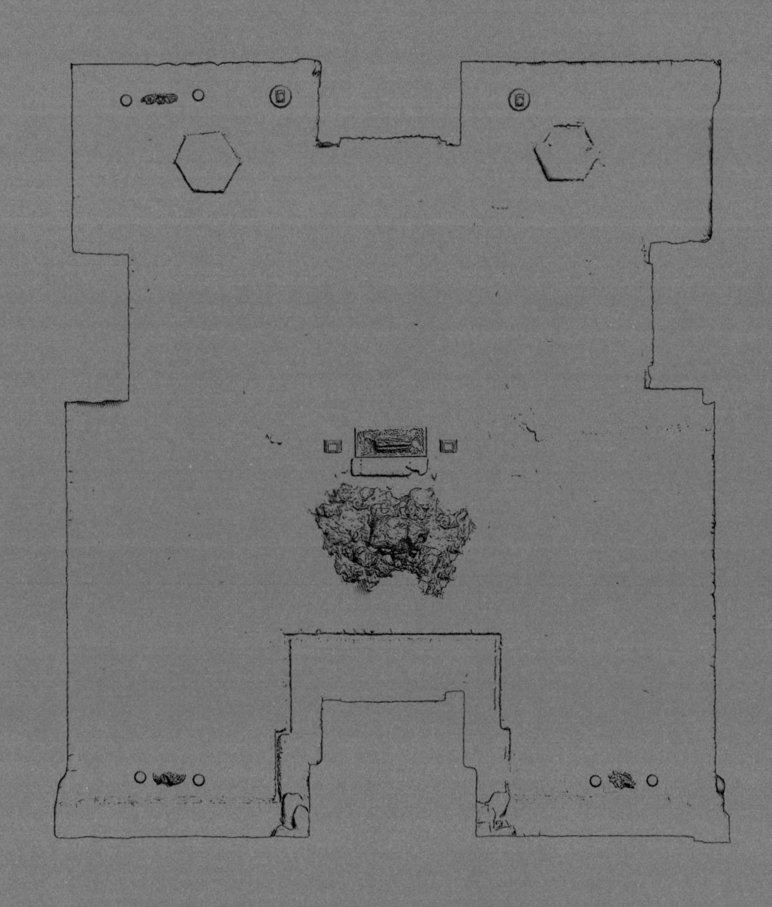

一、工作背景

2001年8月，美国世界建筑文物保护基金会（World Monuments Fund，WMF）与故宫博物院合作，开始了共同保护和复原乾隆花园倦勤斋的项目，并在2003年扩大合作规模，在保护倦勤斋的基础上开始致力于保护整座乾隆花园。通过详尽的历史档案研究以及细致的调研，清华大学建筑学院与故宫博物院共同完成了《乾隆花园保护修复方案》。方案中提出“清宫园林设计和造园理论实践、清宫园林叠石工艺作为非物质文化遗产，濒临绝迹，还有一些已经失传，应当充分利用现代科技对现存文物进行保护，应当‘复活’或‘标本式’地保存非物质文化遗产”，“在乾隆花园的这个院落中，山石绝对是占据了主导地位的”，但“具体到乾隆花园中叠山设计的方法、技巧以及如何与山水结合进行园林布置，则尚需在未来的研究中揭示”。2009年，北京清华同衡规划设计研究院受故宫博物院委托，承担了“北京故宫乾隆花园园林勘测、图库建设及数字化模拟仿真研究”课题，拟通过对乾隆花园的园林、假山、种植进行调研、制图、三维建模、仿真动画制作及乾隆花园历史档案考证，形成乾隆花园的建设及园林空间艺术分析研究报告。

二、工作目标

（1）通过详细的勘察，完成数字化建模及仿真动画制作。

（2）尝试先进技术在古典园林保护与研究中的应用，探索园林测绘和展示新方法。

（3）发掘传统工艺，针对文物现状，提出相关保护建议。

（4）形成乾隆花园园林设计及造园的理论研究报告。

三、工作依据

（1）《雅典宪章》，1933年。

（2）《威尼斯宪章》，1964年。

（3）《巴拉宪章》，国际古迹遗址保护协会（Internationl Council on Monuments and Sites, ICOMOS）澳大利亚委员会，1979年，1981年、1988年修订。

（4）《关于保护改善建成环境的阿普来顿宪章》，国际古迹遗址保护协会（Internationl Council on Monuments and Sites, ICOMOS）加拿大委员会，1983年。

（5）《中华人民共和国文物保护法》，1982年。

（6）《中国文物古迹保护准则》，国际古迹遗址保护协会（Internationl Council

on Monuments and Sites, ICOMOS）中国委员会，2000年。

（7）《中华人民共和国文物保护法实施条例》，2003年。

（8）《乾隆花园保护修复方案》，2009年。

（9）《近景摄影测量规范》（GB/T 12979—2008）。

（10）《数字测绘成果质量检查与验收》（GB/T 18316—2008）。

（11）《公园设计规范》（GB 51192—2016）。

四、数字化测绘技术研究

本部分主要介绍在乾隆花园数字化研究课题中多种测绘技术的工程应用和三维虚拟展示系统的应用。测绘技术应用方面：以乾隆花园抑斋为例，首先对其园林要素特征及数字化目标进行分析，然后选取常用野外测绘技术进行对比试验，明确技术是否具有可操作性以及现有的软硬件平台是否满足要求；最终通过测试效果对技术使用范围及针对性进行确认。经过对比研究，确认使用全站仪完成了乾隆花园平面图修测；使用三维激光扫描技术完成假山和摆件的数据采集及建模；使用近景摄影测量技术完成铺装平面的测绘；同时针对不同建模对象总结了建模经验（图2-1）。通过测绘技术的研究和建模工作，最终实现了对乾隆花园的无损精确测量，并利用测绘成果对乾隆花园全景进行数字化重建。此次数字化研究为乾隆花园造园理论及假山艺术的深入探讨奠定了科学基础，同时也将为其他古典园林的数字化保护工作提供示范和借鉴。

（一）测绘技术比较及技术路线

三维数字化的目标是要让模型具有几何准确性、照片级的真实感和场景的完整性；是要让数字模型在形状、位置、色彩等方面忠实于原物，并达到高精

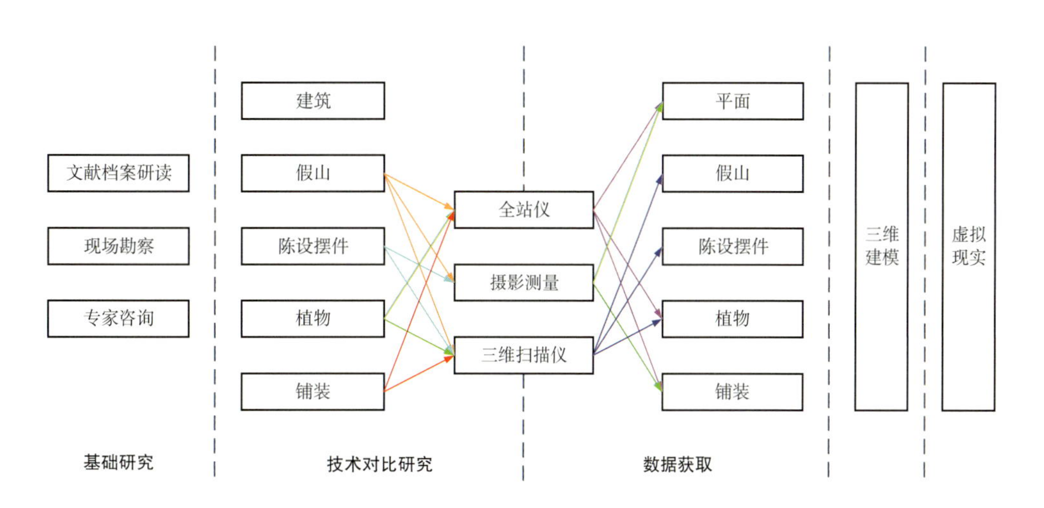

图2-1 乾隆花园数字化测绘工作流程图

度的要求。所以要根据被测物体的具体特征选择合适的技术手段，制定相应的采集方案。

1. 园林要素特征分析及数字化目标

抑斋位于乾隆花园第一进院的东南角，院内古柏数株，绿荫满地，东南角用湖石堆叠出 2 m 多高的小山，山上建造了一座四角攒尖式的撷芳亭。院西曲廊转角处衔接着另一攒尖方亭，为“矩亭”。矩亭东廊连接着一座面阔只有一间半的硬山式小斋，坐北向南，名曰“抑斋”。

抑斋虽然是一处相对封闭狭小的园林空间，但建筑、假山、摆件、铺装和植物等要素俱全，有很强的代表性（图 2-2）。因此，我们选择抑斋为突破口，开始着手尝试对乾隆花园的数字化重建。

（1）叠石

抑斋有假山叠石大小 3 处，分别为东南角叠山以及在东侧连廊进入小院和抑斋南门旁的两处叠石踏跺（图 2-3、图 2-4）。三处假山均为天然石材堆叠而成，体积、质量巨大，形状极其不规则，形态变化丰富。

（2）植物

抑斋内的植物主要为侧柏和桧柏（图 2-5）。侧柏叶片稀疏，枝干较直且纹理较细。桧柏叶片茂盛，枝干曲折变化丰富明显，枝叶末端呈伞形；树干纹理清晰，呈水波纹状螺旋上升。

针对纹理和形态均多变的植物材料的数字化，除要准确记录植物的空间位置、空间形态之外，还要考虑如何最大程度符合各自植物的特征，能够在模型上区别植物的种类和各异的空间姿态。

（3）摆件

抑斋小院内共有 5 个摆件陈设座，1 个须弥座，4 个圆形陈设座（图 2-6、图 2-7）。

须弥座结构形体复杂，表面纹理细致丰富。除准确记录其外观形态、位置及尺寸外，如何细腻地展现其精美纹理是此次数字化研究的难点。

（4）铺地

乾隆花园铺地样式丰富，有石子、五色石、条石和青砖铺地等多种，还有用不同材质组合而成的图案精美以及色彩丰富的各种地纹。抑斋铺地以卵石为主，并在局部采用了筒瓦护根的处理方式进一步丰富了铺地的样式（图 2-8）。此次铺地的数字化目标，除要完整记录铺装尺寸及形态外，更要真实反映其丰富的纹理特征。

图 2-2　抑斋

图 2-3　抑斋东南角假山

图 2-4　抑斋的叠石踏跺

图 2-5　抑斋的植物

图 2-6　抑斋院东侧的须弥座

图 2-7　抑斋院西侧的圆形陈设座

图 2-8　抑斋的铺地

以上所举各园林要素除了有复杂的几何形体外，还具有极其丰富的表面色彩和纹理等信息。而只有将各个元素的所有信息融合在一起，才能完整地重建出真实的数字模型。为此，针对此次课题的特殊性（文保单位）及工作复杂性（不规则形体为主），我们为此次乾隆花园数字化重建工作建立了如下原则：

测绘非接触性：乾隆花园经历了数百年的岁月变迁，由于雨淋、风化、地震等多重自然因素和旅游开发等人为因素的影响，其中的假山、摆件、铺装等元素都存在着比较严重的变形和破损。为避免测量作业对文物造成进一步的破坏，我们拟选用不接触被测物体的方法，实现对古典园林的测绘。

几何准确性：确保重建后的三维场景模型具有和真实场景一致的几何信息，如：模型中假山的尺寸可测量，并且数值与真实场景的实际数值相近或在误差允许范围内。

场景真实感：确保建模结果在纹理和光照效果上与真实场景相似。

重建自动化：在满足前三条的基础上，形成一套可普遍推广的场景重建方法，进而实现最大程度地减少人工干预且自动高效的重建工作。

需要指出的是，古典园林空间具有非常复杂的几何结构、表面纹理特征和多变的光照呈像。因此，上述重建工作的实现有很大的难度，尤其是一个通用的全自动的真实场景重建系统更是难以获得。为了最大程度获取园林空间要素的几何外形和纹理材质，我们特选取全站仪、近景摄影测量和三维激光扫描技术相结合的方法对抑斋院落进行测绘，以期实现工作目标。

2. 全站仪工作原理与工作流程

全站仪，即全站型电子速测仪（Electronic Total Station），是一种集光、机、电为一体的高技术测量仪器，是集水平角、垂直角、距离（斜距、平距）、高差测量功能于一体的测绘仪器系统。因其一次安置仪器就可完成该测站上的全部测量工作，所以称之为全站仪。全站仪都具备棱镜反射和无棱镜测距的功能。棱镜反射功能需要照准目标棱镜中心，才能完成测距工作。而无棱镜测距模式测量时不需要接触被测点，不需要在观测点上安置棱镜，全站仪直接瞄准观测点，测距光束经自然表面反射后可直接测量出距离和坐标，实现了“所瞄即所测”。

我们分别使用了全站仪的棱镜和无棱镜模式对乾隆花园第一进院落的抑斋庭院进行了测绘，并获得了抑斋庭院平面图、铺装平面图和假山测绘数据。

我们首先选择了抑斋连廊的台基角点作为基点，在台基位置架设了仪器，将仪器整平，再通过钢卷尺测量仪器高度和棱镜高度，开机后将测量数据录入设备进行设站。并在连廊台基正北方向设置了棱镜。设站时选择棱镜模式，以台基角点为（0,0）点，通过全站仪角度定后视的模式设定了全站仪平面坐标系，完成测站设定工作。再将棱镜架设在需要测定的位置，就可完成对目标点的三维空间点的测绘（图 2-9）。采用此方法完成了抑斋庭院平面图的测绘工作。

同时，我们使用棉线在地面建立了 0.5m 方格网，利用全站仪和皮尺结合的方式控制格网的精度，然后对方格网进行编号和正射影像拍摄，导入软件中，对照片进行纠正后，按照顺序进行拼接，完成了庭院铺装总平面的数据采集（图 2-10）。

项目使用全站仪的无棱镜模式完成了抑斋庭院假山测绘。将全站仪设置为无棱镜模式，通过目镜瞄准假山特征点，按下测量键，仪器便显示了假山的三维坐标点，同时保存了点信息。通过多角度的测绘，获取了假山石大量的空间点，利用 CASS 软件将数据转为 AutoCAD 能够识别的 dwg 格式，在 AutoCAD 中，对空间点进行连线，封面为体，再将结果导入三维软件中，实现了抑斋庭院假山石的三维建模（图 2-11 ~图 2-17）。

3. 近景摄影测量技术工作原理

近景摄影测量，是先从多个角度对被测物进行拍摄，获取一组照片；然后利用光线沿直线传播的原理，通过相片上原物体表面像点的位置，反求出光线，进而求出这些光线在三维空间的近似交点，这些交点都落在原物体表面上。从而获取被测物体的形状、大小、状态和空间几何位置等信息。近景摄影测量是一种非接触测量，可提供高精度的测量数据。

近景摄影测绘软件支持普通数码相机，无须测量照相机空间位置和使用摄影经纬仪，就能更快地获取数字模型。操作方法如下：

（1）相机校准

近景摄影测绘软件可采用数学方法分析多幅“校准格点”的相片，测算出镜头的焦距、CCD 幅面和镜头的像差。拍摄镜头校准格点板要先从 4 个方向拍摄 4 幅横幅相片（图 2-18），再以镜头主光轴为轴旋转 90°，拍摄 4 幅纵幅相片（图 2-19），共拍摄 8 张相片。将相片导入软件的“校准模块”，对相机镜头参数进行计算，校正相机参数。

（2）粘贴编码点，多角度拍摄

对相机校正后，再将自动编码目标点贴在抑斋叠石踏跺表面，对踏跺进行多角度拍摄。编码点由实心圆点和与圆点同心的、呈特定方向与角度的多条弧形粗线组成。采用 10bit 编码共有 45 种标签可选，采用 12bit 编码有 161 种标签可选，而采用 14bit 编码有 561 种标签可选。“自动编码目标点”越大识别起来越方便，但是标签过大会遮挡假山表面纹理，所以，台阶角点区域更适合采用实心小圆点标签（或称为“自动目标点”）进行测绘。

（3）自动识别编码点，计算空间坐标

将踏跺照片导入软件的自动编码目标模块中，软件将自动识别出这些“自动编码目标点”，这些编码点的名称以方括号内的数字来表示。软件通过这些被识别出的自动编码目标点重新求解相机的三维位置及方向。软件也可以从相片平面上识别出每个“自动目标点”的位置，但还不能通过单张相片区分出这些点，而需要通过多幅相片上这些点彼此之间的关系来计算出其三维位置。

（4）通过绘图工具描绘物体形态，自动生成纹理

三维模型需要通过一系列边界和表面来描述，可以基于特征点的三维坐标，使用软件提供的绘图工具来描绘假山石的形状。创建好假山模型的框架后，使用软件的自动封面工具对模型进行封面处理。最后利用软件的纹理映射功能对模型进行生成贴图。

由于该方法必须通过编码目标点来进行照片匹配，这些编码目标点在纹理映射后还存在于模型表面纹理中，影响了模型的美观。并且假山年代已久，所覆盖的尘土较厚，编码点不易粘贴在假山上。在湿热的夏季，编码点容易起翘，从而影响软件的识别。该软件需要大量的人工来标定匹配编码目标点，对计算出的空间点进行连线、封面，自动化程度较低，人工投入大。

图 2–9 抑斋庭院平面图

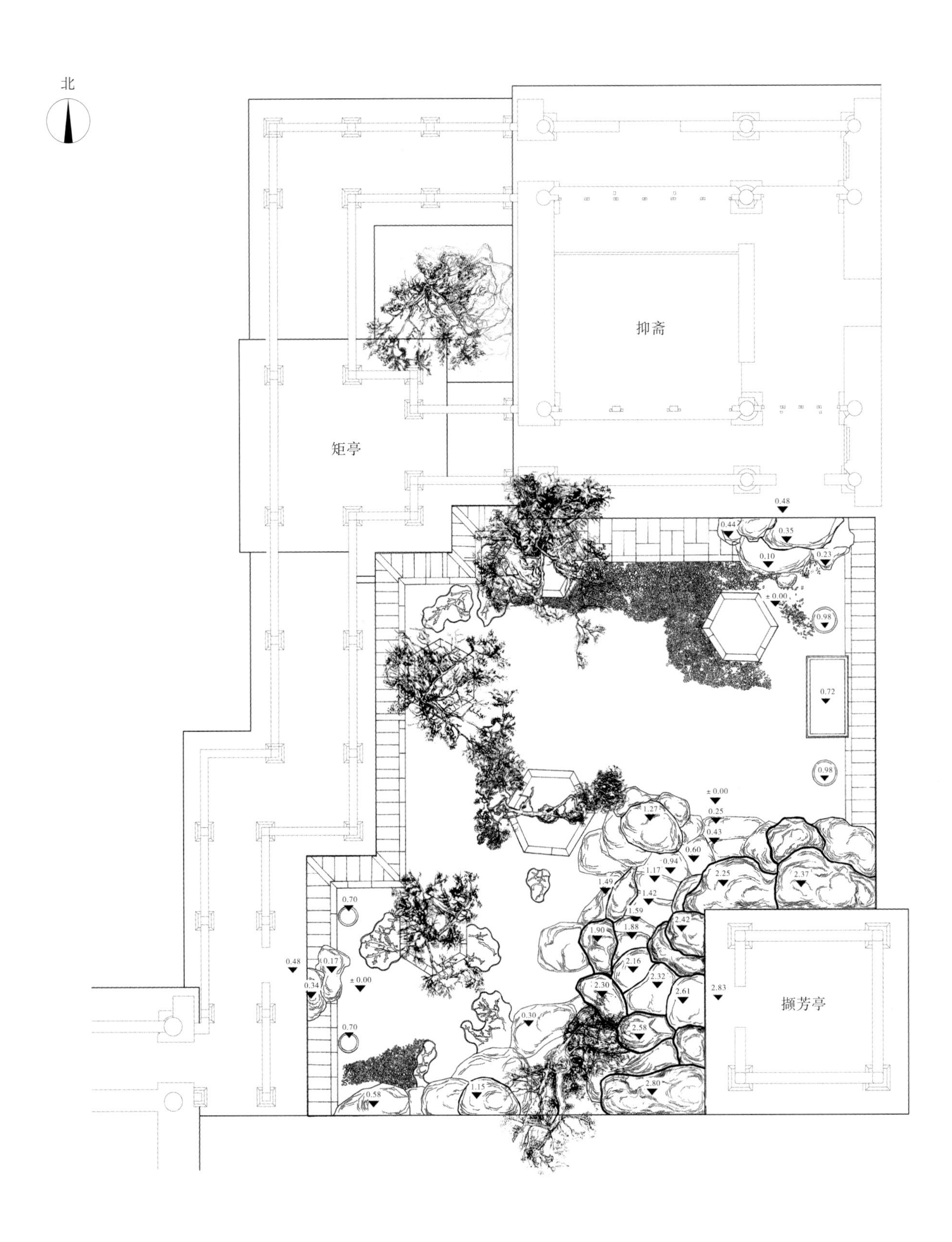
北
抑斋
矩亭
撷芳亭
0.48
0.44
0.35
0.10
0.23
± 0.00
0.98
0.72
0.98
± 0.00
1.27
0.25
0.43
0.60
0.94
1.17
1.49
1.42
2.25
2.37
1.59
2.42
1.90
1.88
0.70
0.48
0.17
2.16
0.34
± 0.00
2.32
2.30
2.61
2.83
0.30
2.58
0.70
2.80
1.15
0.58

图 2-10　通过方格网拍摄的抑斋庭院铺装总平面图

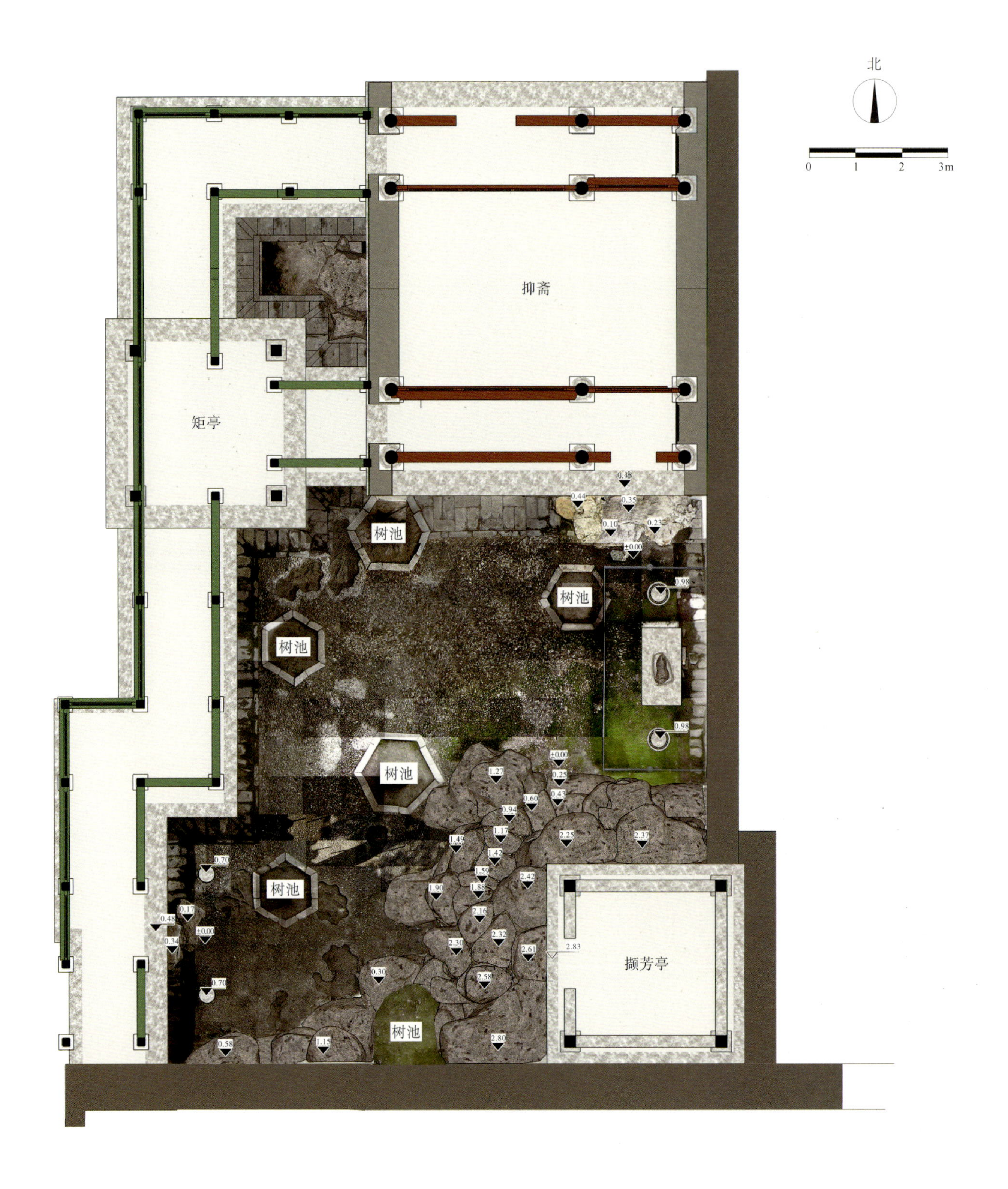

图2-11 抑斋庭院首层平面图

图 2-12　抑斋庭院屋顶平面图

2.83
2.80
2.58
2.37
2.25
2.42
2.30
2.16
2.08
1.88
1.90
1.59
1.42
1.49
1.27
1.15
1.06
0.60
0.60
0.43
0.25
0.30
0.30
0.58
0.48
±0.00
图 2-13　抑斋立面图

图 2-14　抑斋剖面图

图 2–15　抑斋假山模型网格图 (1)

图 2–16　抑斋假山模型网格图 (2)

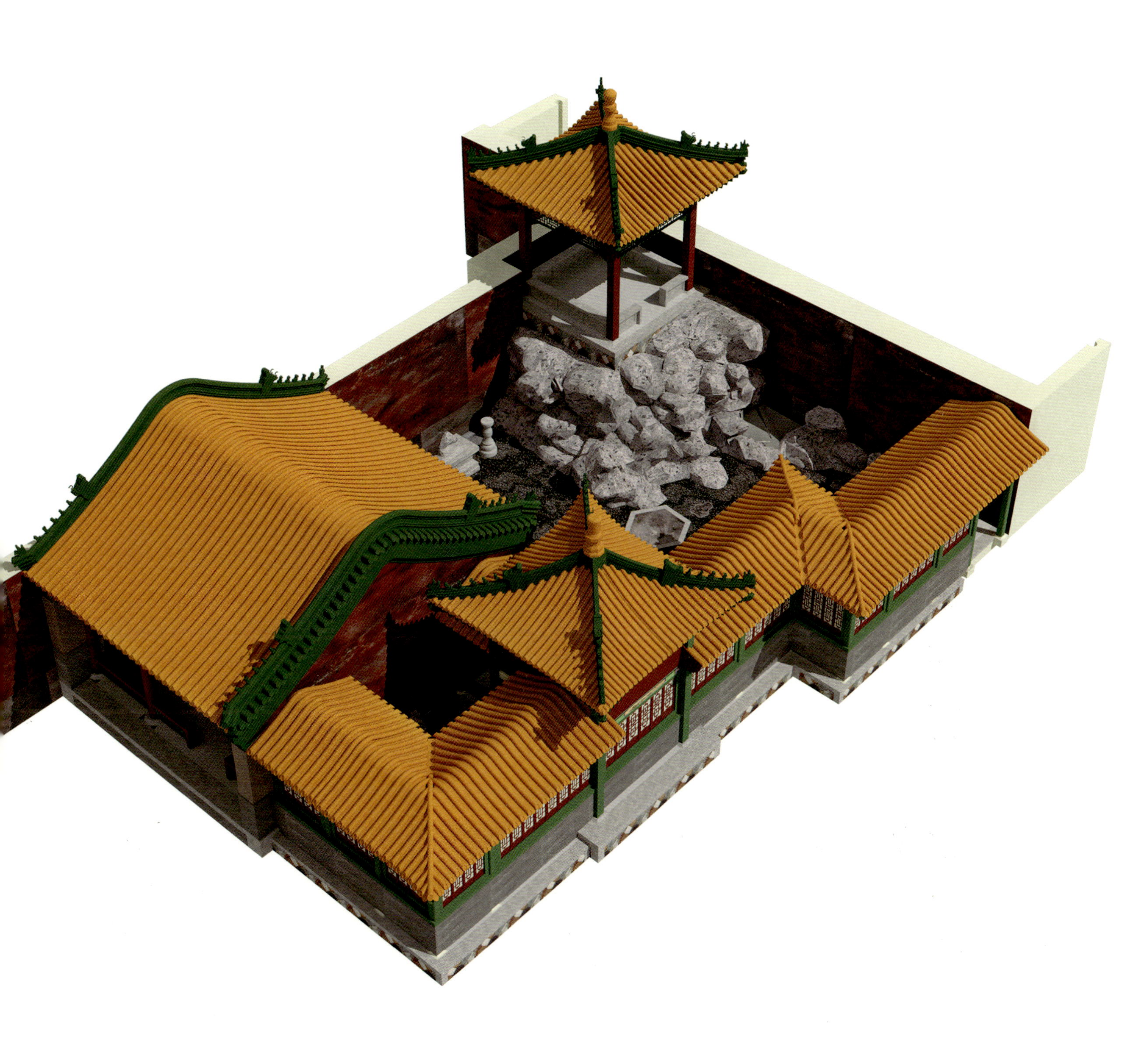

图 2-17　抑斋假山模型网格图 (3)

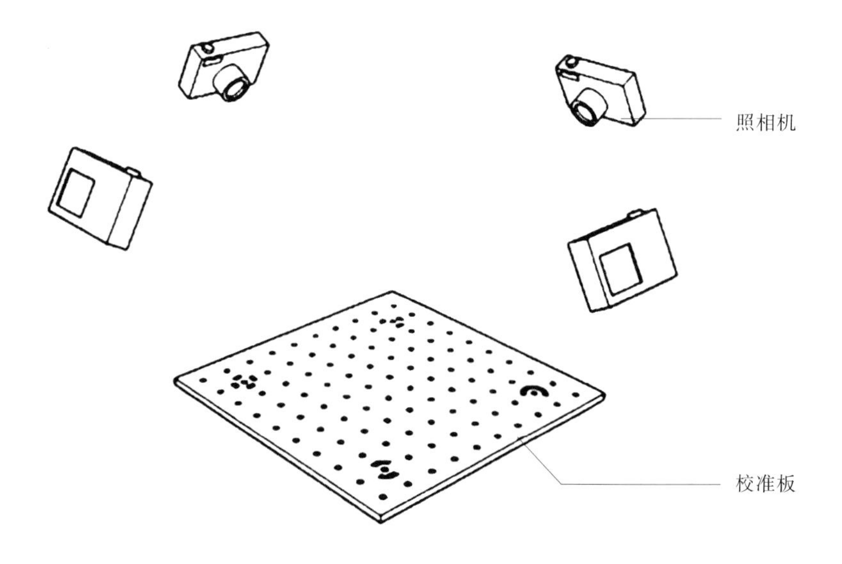

图 2-18　拍摄标准格点板示意图

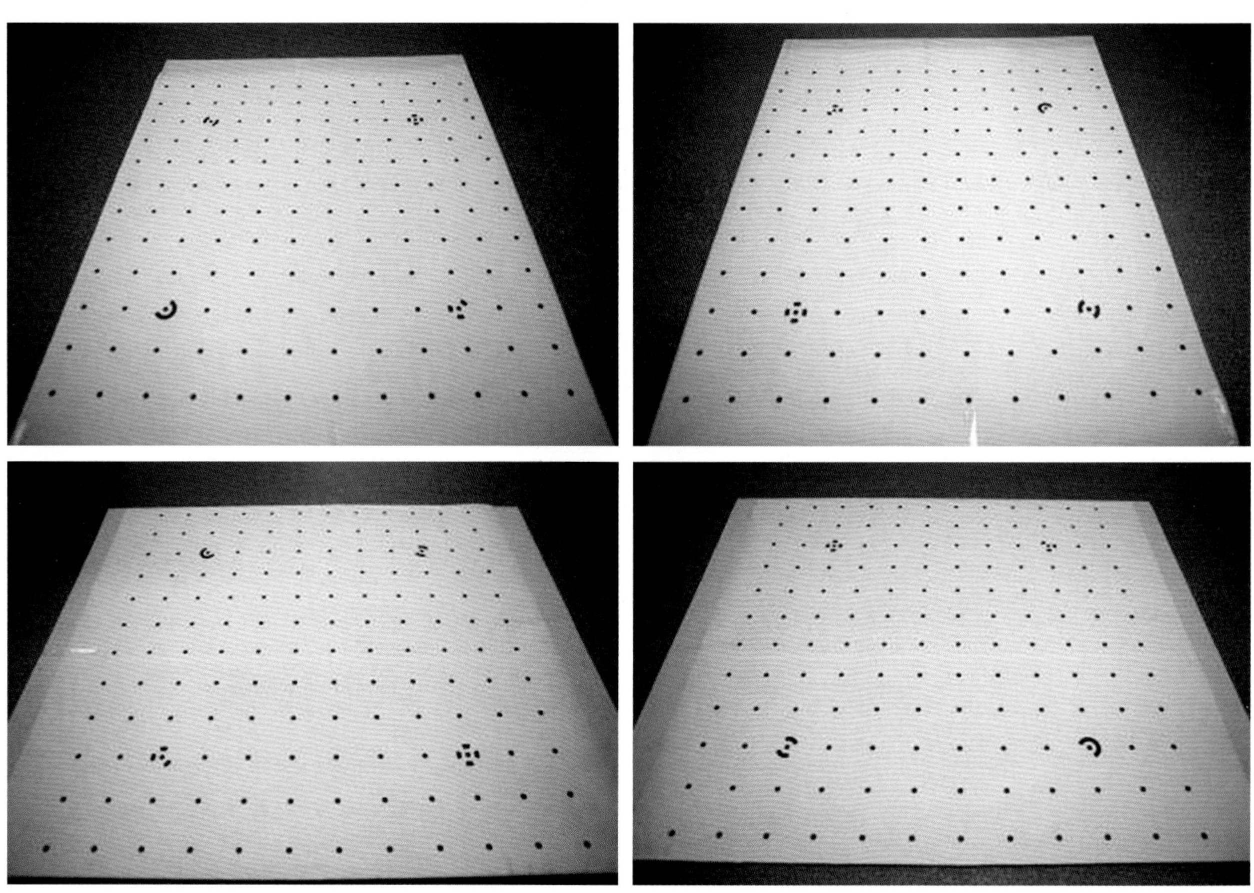

图 2-19　不同角度的校准相片

4. 近景摄影测量技术工作流程

目前采用基于数码照片建立三维模型的近景摄影测量软件也支持普通数码相机，可以通过至少两张照片建立一个模型，计算过程全自动化。

（1）直接拍摄，自动生成空间点云

软件不需要编码目标来对照片进行匹配，可直接对物体进行拍照。对被测物拍照后，将拍摄的照片输入软件。软件能够自动识别空间点并将所有照片进行匹配，计算出每张相片的相机位置，并重新对相机参数进行精确校正，同时生成点云数据。

（2）自动建立网格模型

软件根据相机参数、图像和点云数据建立三维网格模型。可以根据不同的需求选择不同的算法，模型的生成方式有平滑的（Arbitrary-Smooth）、任意的（Arbitrary-Sharp）、高程平缓的（Height field-Smooth）和高程锋利的（Height field-Sharp）。在假山石测绘中，我们选择“任意模型”（Arbitrary-Sharp）生成了假山石的几何模型。由于踏跺的有些小角落照片无法覆盖，可能存在一些漏洞，故将生成的几何模型在软件中进行简单编辑后，导出至三维软件中，对三维模型进行修改整理，去除冗余数据，补充空白漏洞。模型修改后重新导入，进行后续工作。

（3）自动对模型进行纹理映射

前两步骤完成后可为模型自动生成纹理贴图。软件提供了多种模式的纹理映射模式：通用、自适应、正摄影像、单独照片和保持贴图。通过对比，我们采用了通用模式对假山模型进行了纹理映射；而铺装采用了正摄影像模式。

抑斋庭院假山共拍摄照片 66 张，地面铺装拍摄照片 212 张，最后利用 64 位的摄影测量软件在 Win7 系统下自动生成假山和地面铺装模型。

同类软件相比，该软件无需编码点，模型的纹理贴图上不会带有编码目标，不会影响模型的美观，能够很好展现被测物体的实际材质，同时自动化程度较高。

5. 三维激光扫描技术工作原理及工作流程

三维激光扫描技术是20世纪90年代蓬勃发展起来的高精度、快速获取物体三维几何数据的新型技术。扫描仪通过内部的发射装置对目标物体发射激光，激光在碰到目标物体的表面后反射回来，并由扫描仪内的探测装置接收。根据激光束发射和接收时刻的飞行时间差或者相位移动值，仪器自动解算得出被测点上的相对三维坐标。三维激光扫描仪能够快速获得物体的三维几何信息，但由于目前绝大多数市面上的激光扫描仪都是单色激光，或者同步获取的影像无法满足建模要求。所以，其所完成的物体模型缺少色彩纹理，通常需要结合单独数字摄影来拍摄文物图像，贴图完成纹理绑定或结合摄影测量组合纹理信息。

三维激光扫描建模过程一般包括数据采集、点云配准、三维重建和纹理映射等4个阶段（图2-20～图2-22）。

在选定的测站上架设扫描仪后调整好仪器的姿态，建立控制软件与仪器的通信，设置扫描参数，确定扫描区域后启动扫描程序。先扫描一个较大的范围，扫描到尽可能多的靶标，得到场景的粗扫点云图。然后再对假山、摆件、植物和地面进行精确扫描，以得到其高精度的点云数据。

由于单个测站仅能从局部扫描假山石，无法反映整体特征，所以要采用分站方式对假山进行扫描。根据抑斋庭院的空间特点，项目过程中一共设计了8个站点；同时为了便于后期点云拼接，放置了5个标靶。仪器架设完毕后，首先对标靶进行精细扫描，然后对假山、植物和摆件进行高精度扫描；同时，在每个扫描站点从扫描仪的视角对抑斋进行摄影，以获取园林要素的纹理信息。

图2-20　三维扫描仪数据采集

图 2-21　三维扫描仪点云配准

图 2-22　三维重建贴图渲染效果图

6. 测绘技术对比与选择

（1）技术对比

全站仪、近景摄影测量、三维激光扫描仪在古典园林数字化过程中的技术应用对比如下（表 2-1、表 2-2、图 2-23）：

不同测绘技术优劣对比 表 2-1

技术	优点	缺点
全站仪	1. 测距速度快；2. 精度高；3. 操作简单；4. 设备便于携带；5. 人工影响小；6. 设备价格适中	1. 单次只能测一个点，效率较低；2. 无法在狭小空间工作；3. 为获取多视角信息需不断换站
近景摄影测量	1. 获取信息丰富，适于测绘造型复杂、纹理丰富的物体；2. 后期处理自动化程度较高；3. 操作方便，便于携带，节省人力；4. 获取数据更为完整；5. 拍摄速度快，外业时间短；6. 在控制点辅助下数据准确高，模型精度、数据量可控；7. 非实体接触，便于不可达、不宜触对象的测绘；8. 低投入以及低操作成本；9. 能够发挥人海优势	1. 依赖光照，只能在多云天气或光线充足条件下拍摄，不能够在夜晚或者黑暗的地点工作；天气情况严重制约工作计划；2. 不能测绘无纹理的表面；3. 摄影测量受视线遮挡限制，不具有穿透性；4. 在高杆条件下，数据精度受地面震动和风力影响；5. 在建立世界坐标系方面需要其他测绘手段配合
三维激光扫描仪	1. 扫描速度快，测量速度快，每秒几十万点，外业时间短；2. 操作方便，节省人力；3. 所得数据完整；4. 适于测绘不规则的复杂曲面物体；5. 数据准确，精度可调，人为误差影响小；6. 非实体接触，便于不可达、不宜触对象的测绘；7. 每站耗时固定，便于估算以制定工作计划；8. 不依赖光照，可在昏暗环境和夜晚工作	1. 初始投入成本高，设备昂贵，基本都在 100 万元以上；2. 获取的数据量巨大，点云配准及纹理贴图的工作量较大；3. 依赖电力；4. 激光测距受视线遮挡限制，不具有穿透性；5. 设备无法在狭小空间内工作；6. 工作环境要求高，数据精度受地面震动和风力影响；7. 建立世界坐标系方面需要其他测绘手段配合；8. 不能并行以发挥人海优势；9. 点云数据处理软件没有统一化，各个厂家都有自带软件，互不兼容

三维数字化技术工作条件对比 表 2-2

参数	全站仪	三维激光扫描仪	近景摄影测量
文物接触	否	否	否
精度	较高	高	一般
空间分辨率	—	高	一般
空间覆盖度	好	好	较好
色彩	—	一般	好
照明条件	不限	不限	限制
三维点密度	单次一个点	高	一般

续表

参数	全站仪	三维激光扫描仪	近景摄影测量
景深	高	高	一般
数据获取时间	一般	快	较快
三维重建效率	一般	快	较快
纹理重建效率	一般	快	较快
设备组成	简单	复杂	简单
辅助外设	无	电源	摄影高杆
设备成本	中等	昂贵	一般

项目在技术探索阶段尝试了各类不同的技术，其中使用全站仪打点记录三维坐标从而生成三维模型的方式是最初级、人力成本最高的一种。

图 2-23　全站仪测绘抑斋庭院假山模型渲染效果图

图 2-23　全站仪测绘抑斋庭院假山模型渲染效果图（续）

（2）技术选择

通过测试对比不难看出，三维激光扫描仪适合于造型复杂、形状特异的测绘对象，前者如假山石错综复杂的表面，后者如陈设摆件（图 2-24），该方法对假山石和摆件数字化重建是安全、精确、无损的，具有可行性。因此，我们决定利用三维激光扫描技术对全园假山石和摆件陈设物开展数字化三维建模工作，以实现对其全面的数字化重建。

不过，通过三维激光扫描仪所获取的“点云”数据无法直接得到规则摆件基座的轮廓信息，必须经过后期的整理重建，且数据量巨大。鉴于摆件基座整体造型简洁，取得轮廓和尺寸是首要目的，因此我们利用点云数据作为外部尺寸参照，结合实际测量，对摆件基座进行独立的规则图形的建模。

图 2-24　三维扫描仪完成对复杂曲面摆件的扫描测绘

图 2–25　近景摄影测量完成对铺装的测绘

全站仪可以直接采集测绘对象的空间坐标数据，数据量小，后期处理简单，适合平面测绘。在乾隆花园数字化研究中，我们主要采用全站仪完成以下工作：精确获得全园的基本控制坐标，精确获得台基轮廓、拐点的空间位置。三维扫描仪获取的植物空间点云数据量大，必须经过高强度的后期工作才能从点云中分离出需要的主枝干信息；而全站仪“所瞄即所得”，可以利用全站仪的无棱镜模式对植物空间枝干信息进行获取。

近景摄影测量能够快速高效地获取测量目标的纹理信息，不仅能够快速计算出三维空间数据，还能够在全站仪的辅助下通过控制点统一坐标系。通过近景摄影测量获取的数据精确度虽不如三维激光扫描仪和全站仪，但误差范围在园林空间允许范围内。但是近景摄影测量受光环境影响严重，外业周期难以确定。在此次乾隆花园数字化重建工作中，我们主要利用近景摄影测量对园林铺装进行测绘（图 2-25），以获得精确到“每块砖”、“每条缝”、“每颗石子”的图像，不仅丰富了数字化模型的纹理真实度，而且增加了残损标注的准确性。

7. 古建筑三维模型的建立

在故宫博物院提供的乾隆花园建筑图纸基础上，结合现场勘测，借助三维建模工具：SketchUp 和 3DS Max，我们完成了乾隆花园内所有建筑的三维模型重建工作，并在现场对建筑进行了全覆盖的拍摄，最终利用现场拍摄照片对古建筑进行了纹理贴图，从而提高了模型的逼真度（图 2-26 ~ 图 2-28）。

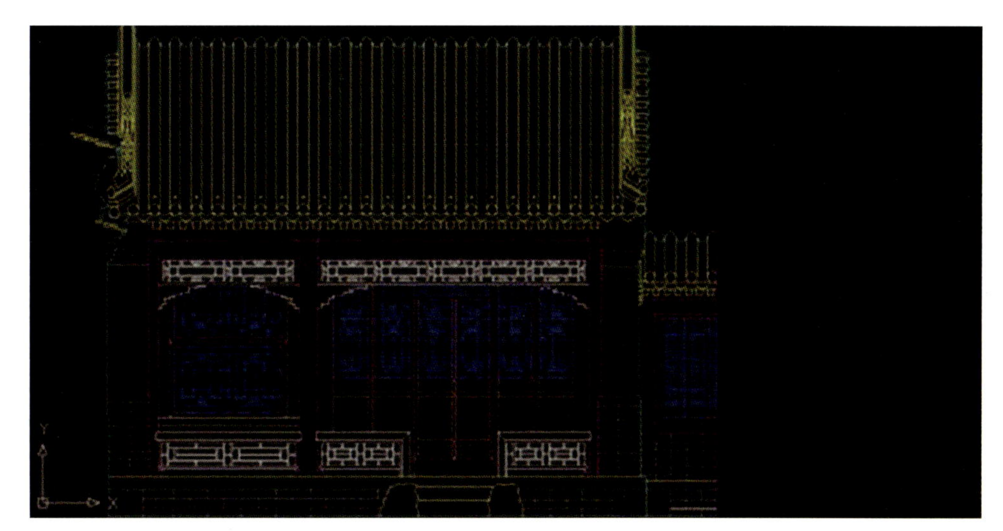

图 2–26　CAD 图纸

图 2–27　SketchUp 模型

图 2–28　3DS Max 贴图效果

8. 虚拟展示平台

基于 GIS 平台软件。虚拟平台系列软件除致力于全空间、逼真完美的虚拟三维可视化的极致体验外，还将二维信息融入三维场景中，将传统的二维分析运算扩展成三维分析运算，从而实现了可视化及分析功能的二维、三维一体化。

在此次数字化重建工作中，我们将抑斋庭院的建筑、假山石、植物、摆件和铺装三维模型进行渲染烘焙后导入虚拟平台中，实现了对乾隆花园抑斋庭院的虚拟漫游。

（二）使用全站仪全园控制测量

通过对抑斋庭院实地测绘，我们发现提供的图纸与现状有一定的出入，于是我们首先利用全站仪对乾隆花园全园园林空间平面进行了重新测量定位。

1. 设备组成和工作流程

（1）设备组成

我们选用科力达 KTS-442R 型全站仪和 CASS7.0 软件，CASS7.0 是基于 AutoCAD 2006 平台的数字化地形地籍成图软件。

测量距离：无棱镜：200m；单棱镜：5km。

测量精度：2+2PPm。

测量时间：精测 0.8s，跟踪 0.5s 。

连续工作时间：8h。

重量：5.8kg。

（2）工作流程

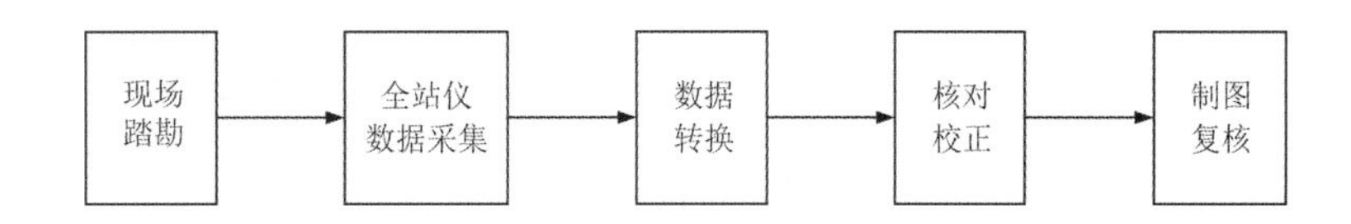

2. 平面控制测量

（1）外业数据采集

采集内容包括：建筑台基线，台阶线，铺装分界线，树池，对植物和摆件进行定点测量，采集其坐标及高程数据，同时为植物摆件进行信息记录（图 2-29）。

（2）内业数据处理成图

采用 CASS7.0 对外业采集的数据进行数据通信、展点、文件格式转换和输出打印等处理。首先进行数据通信，将全站仪的数据导出，运行科力达全站仪传输软件，通过串口用电缆与全站仪相连，将全站仪中的内存数据（外业测点号、坐标、高程）传入计算机，生成 dat 格式的数据文件。然后再在 CASS7.0 菜单栏选择执行［绘图处理］［展点］命令，将测点号和坐标点展现在绘图区；将图形文件另存为 dwg 格式文件，基于测绘数据，对平面图进行调整。

植物信息测绘

利用全站仪对承露台平面位置进行测绘

摆件尺寸测绘

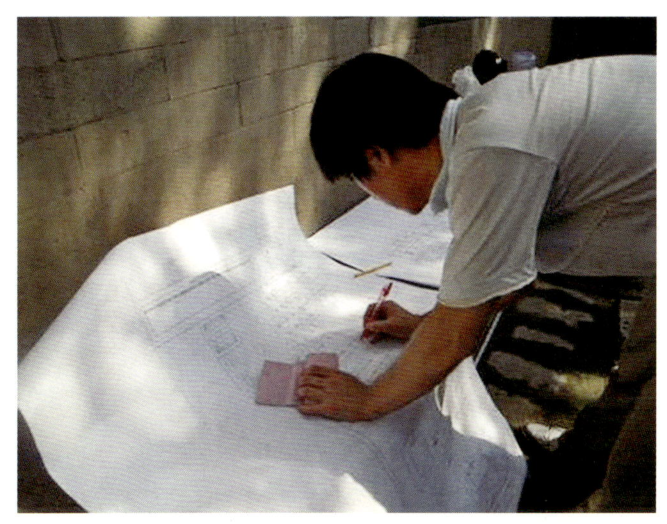

记录数据

利用全站仪对建筑台基平面位置进行测绘

钢卷尺辅助测量

图 2–29　外业数据采集

3. 植物空间点测量

采集内容包括：植物体主枝干、二级枝干及部分三级枝干空间点（图 2-30）。数据处理步骤为：将空间点数据导出至 dwg 格式，再进入 SketchUp 软件中对空间点进行连线，形成植物枝干的线条模型；将线条模型导入 3DS Max，利用扩展工具生成枝干，并对枝干空间结构进行适当调整。完成枝干建模后，再根据树种添加植物叶片以及植物枝干纹理（图 2-31）。

图 2-30　植物空间点数据采集

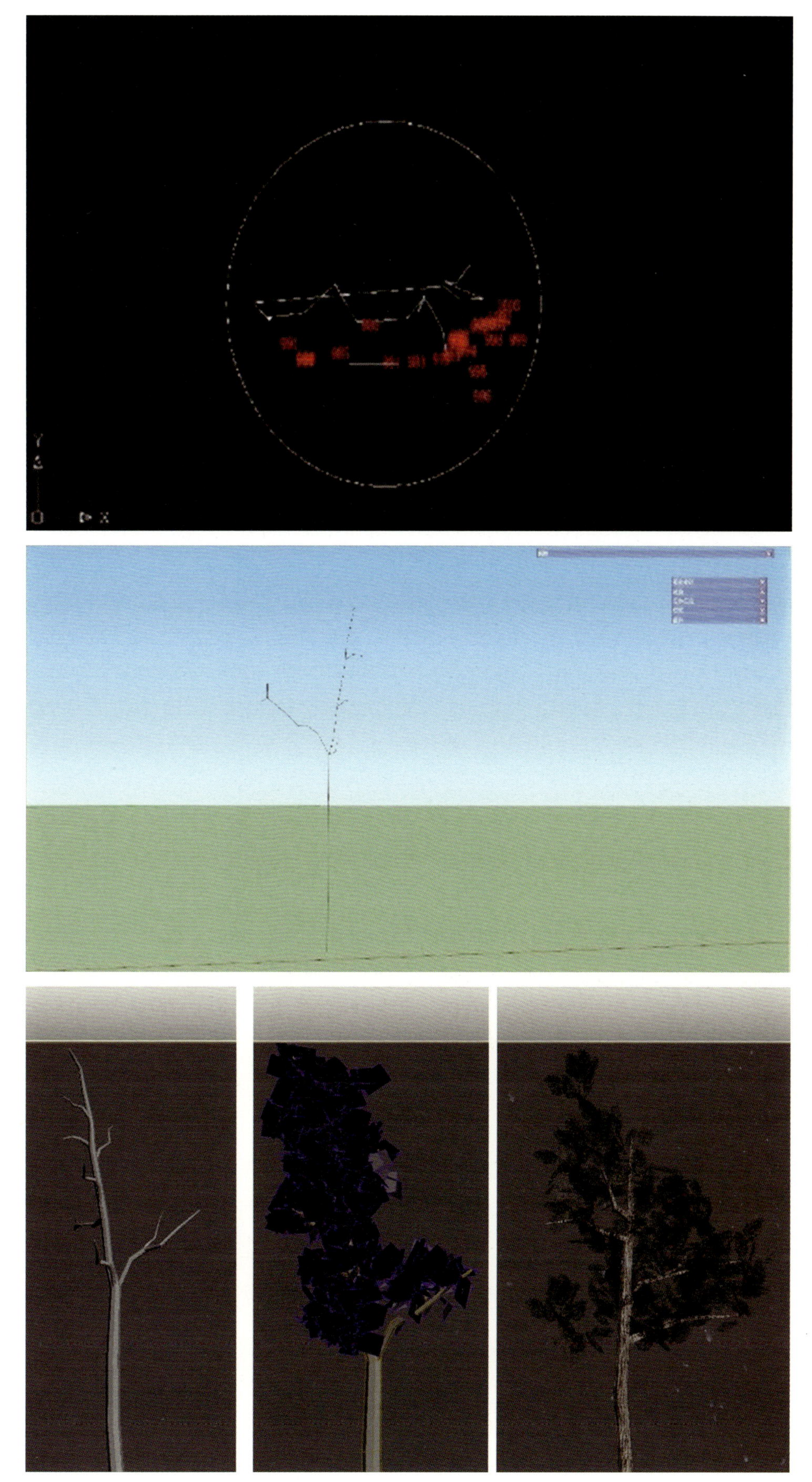

图 2–31　植物建模过程

(三) 使用三维激光扫描技术对假山和摆件扫描测绘

乾隆花园内大小假山共有 10 余处，此外还有众多姿态各异的单体峰石散置于各院落中，不但体量巨大，而且形态极不规则。加之假山石结构复杂、空间遮挡严重、可进行测量的工作界面狭小等因素影响，十分不利于数据采集工作的进行，对假山石实施多角度中距离扫描的设想亦很难实现。

因此，我们重新制订了一个循环的扫描计划，根据实地扫描结果不断反馈，不断调整扫描计划（图 2-32）。在确保数据完整的基础上，对点云进行三维重建，包括：点云去噪、分割、重建补洞、精简和分组；同时，再对模型进行纹理映射，确保模型的准确度和真实度。

1. 设备组成

本次采用了两款不同体积的三维扫描仪，以适应院内复杂狭窄的工作空间。采用的设备为徕卡 Scanstation2 三维激光扫描仪（图 2-33）和 FARO focus 3D 三维激光扫描仪（图 2-34），仪器基本参数如下：

（1）徕卡 Scanstation2 三维激光扫描仪

采样方式：脉冲式。

测量精度：单点 3mm，模型 1mm。

测距范围：300m，90% 反射率 。

扫描视场：360° × 270° 。

数据采样率：50000 点 /s。

（2）FARO focus 3D 三维激光扫描仪

采样方式：相位式。

扫描精度：单点 2mm。

扫描距离：0.6~20m。

扫描视场：360° × 305° 。

数据采样率：最高 976000 点 /s。

2. 数据获取

（1）扫描仪站点设置

按照假山和摆件的高度、拐角，设置扫描仪站点。同时，点云数据的采集除要保证假山和摆件的完整度外，还要保证点云之间有一定的重叠度。相邻点云数据有 3 个以上的重叠点才能完成拼接。扫描时，站点间隔为 3 ～ 5m，保障达到无死角扫描，同时确保点云数据不仅完整，而且保持 15% 以上的重叠度。

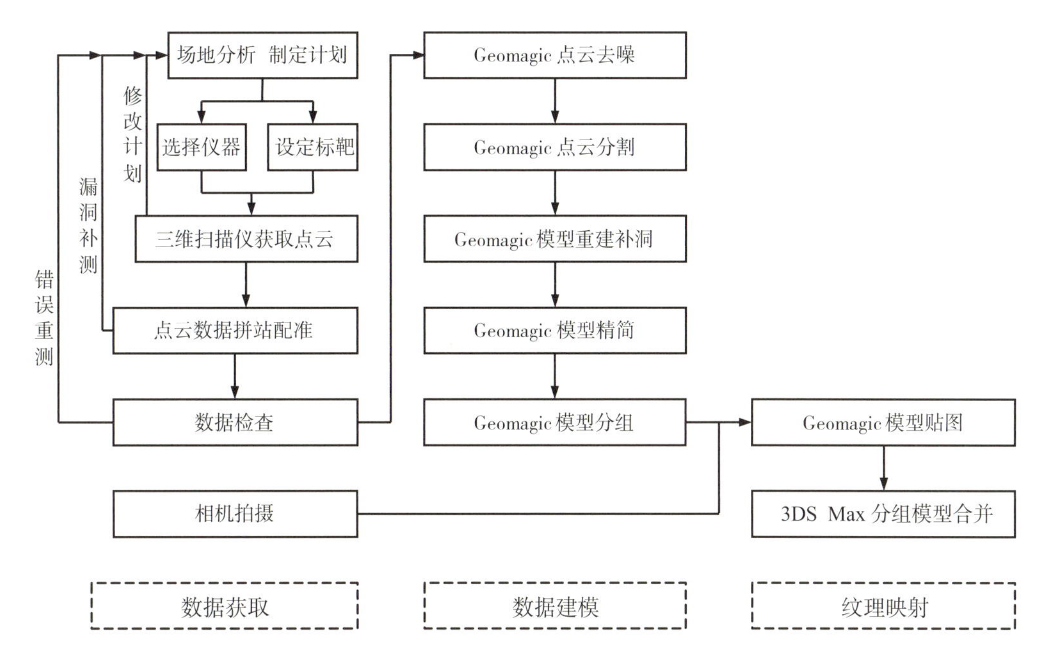

图 2-32 三维扫描仪测绘工作流程图

图 2-33 徕卡 Scanstation2

图 2-34 FARO focus 3D

（2）标靶测量

徕卡 Scanstation2 三维激光扫描仪使用徕卡公司提供的标准标靶，每站点扫描范围之内至少设置 4 个标靶点；两扫描站点之间至少设置 4 个连接标靶点。

FARO focus 3D 三维激光扫描仪使用美国 FARO 公司提供的标准圆球标靶和平面纸质标靶，每站点扫描范围内至少设置 8 个标靶点，每两个扫描站点之间至少设置 6 个连接标靶点。

（3）扫描点间距设置

徕卡 Scanstation2 三维激光扫描仪在设置扫描点密度时，可按测站与扫描观测物实际距离计算长度，将点间距控制在 1cm 以内（图 2-35），也可以根据具体观测物单独设置扫描点密度。为保证扫描的清晰度，假山的扫描点间距主要为 1cm；摆件为 0.7cm，地面和古树树干扫描点间距为 1.2cm。

FARO focus 3D 三维激光扫描仪的点云密度参数设置分为很多种。根据实际情况，此次乾隆花园扫描主要使用 4×4 范围的 1/5 档和 1/8 档，其点间距约为 0.72cm 和 1.2cm（图 2-36、图 2-37）。1/5 分辨率时适用于古建、摆件等对象的扫描。假山、树干等用 1/8 分辨率即可。由于假山拐点死角较多，扫描站设置需间隔 1 ～ 2m，并设置不同高度扫描，以保证没有死角。

（4）扫描顺序：先整体后细部

徕卡三维激光扫描仪体积、重量大，使用时需用三脚架支撑，因此占地面积大，而现场空间较小，所以不适合在乾隆花园进行近景细节扫描。但是它自带双轴补偿器，可保证其单点扫描精度更高。扫描时，先利用徕卡 Scanstation2 进行目标物整体扫描，将其成果作为各分部扫描时的控制数据。

图 2-35　徕卡 Scanstation2 点云图

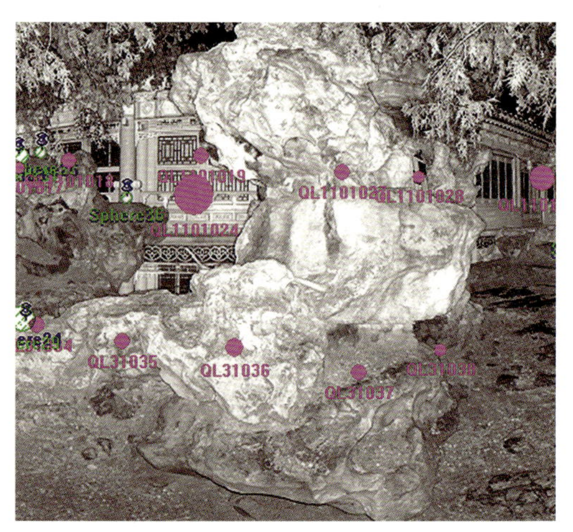

图 2-36　FARO focus 3D 点云平面图

图 2-37　FARO focus 3D 点云 3D 图

（5）点云数据及点云采集工作站数据

点云原始数据经配准生成的点云模型如图 2-38 ～图 2-41 所示。

由于每进院的面积、假山、建筑等需扫描对象数量不同，因此在点云采集工作时，数据量差异较大，如表 2-3 所示。

各进院点云采集工作站数据 表 2-3

序号	成果名称	大小（GB）	数量（站）	徕卡 Scanstation2 三维激光扫描仪	FARO focus 3D 三维激光扫描仪
1	一进院 imp 文件	2.89	84	37 站（其中抑斋 8 站）；	47 站（假山 43 站、承露台 4 站）
2	二进院 imp 文件	1.35	24	7 站；（主要扫描观测物为二进院中间假山及摆件）	17 站（二进院角落摆件）
3	三进院 imp 文件	16.5	121	—	共扫描 121 站，假山外围 35 站、假山顶部 31 站、假山内部山洞 55 站
4	四进院 imp 文件	27.4	189	6 站	共扫描 183 站，四进院假山外围 44 站、假山顶部 44 站、假山内部 27 站、倦勤斋内摆件 27 站、竹香馆 32 站、符望阁偏院摆件 9 站

（6）照片数据

假山石三维模型不仅要求有真实的几何信息，同时还需要有相对真实的色彩及纹理信息，因此需要对数字模型进行纹理贴图。为了采集假山石和摆件的纹理信息，我们使用 1280 万像素、定焦镜头的 Canon EOS 5D 专业级数码相机作为数据采集设备，摄取 4406 张高质量彩色数码相片，覆盖了 4 个院落的假山石和摆件（表 2-4）。

乾隆花园各院照片数据统计表 表 2-4

序号	成果名称	大小	数量（张）
1	一进院 JPG 文件	7.85GB	2030
2	二进院 JPG 文件	848MB	149
3	三进院 JPG 文件	7.01GB	1333
4	四进院 JPG 文件	3.83GB	755
5	倦勤斋院 JPG 文件	733 MB	139
	总计	20.23GB	4406

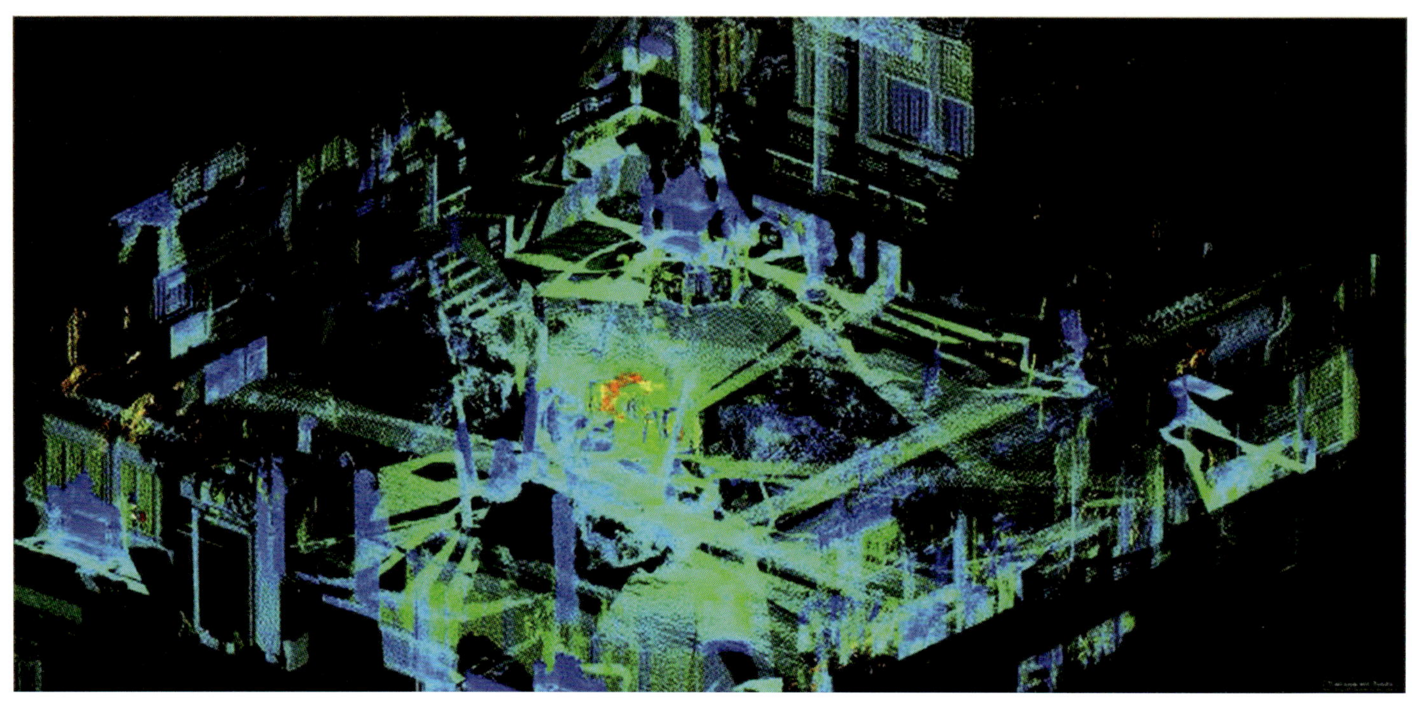
图 2-38　二进院点云图

图 2-39　二进院局部点云图

图 2-40　四进院点云图

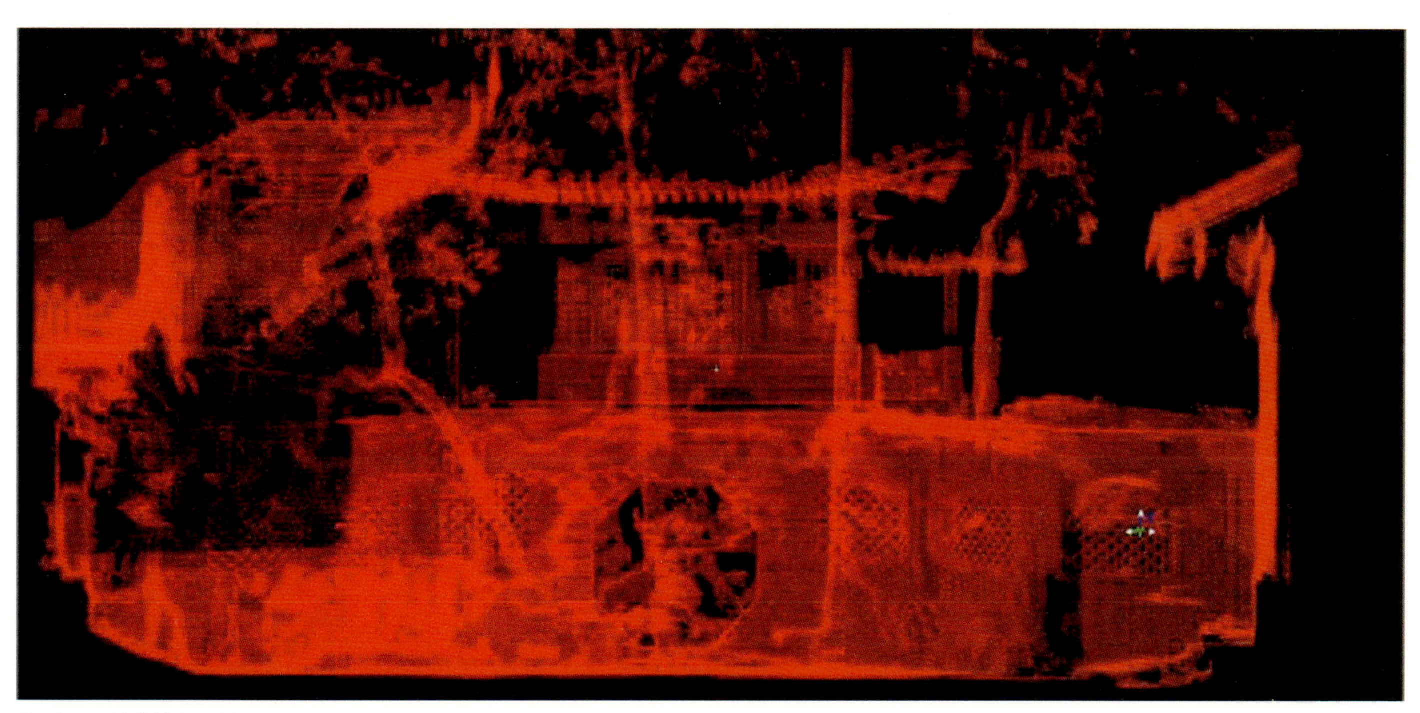

图 2-41　竹香馆点云图

3. 点云配准

通过以上步骤操作，乾隆花园每进院落都获取了几十站乃至上百站的空间数据，各个站点的三维数据均是相对于站点本身的局部坐标系，只有将各站点获取的三维数据拼合在同一坐标系，才可以得到乾隆花园的完整数据描述。

（1）点云配准

由于在扫描中使用了两种不同的三维扫描仪，它们之间的点云数据处理软件没有统一化，都有自带软件，并且互不兼容，于是采用的拼接配准方法也不同。徕卡配套的 Cyclone 软件可用单点拼接，同时也可以用点云拟合球形或面片等进行拼接，需手工标注，拼接精度更高，但是时间占用较多（图 2-42）。FARO（法如）配套的 SCENE 软件可将多站数据同时添加，点出特征标靶，软件自动进行标注，在拼接上更简单，更快速，但是精度相对 Cyclone 软件要低。根据实际运行情况，20 ～ 30 站的数据量在处理时比较稳定。

两站点云拼接时，使用 Cyclone 软件将标靶的拼接误差控制在 2mm 以下，点云的精度控制在 2mm；使用法如 SCENE 软件将拼接误差控制在 4mm 以下。同时，手工去除明显噪声点，保留主要观测物。图 2-43 为法如 SCENE 软件拼接示意图，红色圈住部分为所有测站点云拼接误差。从表中可以看出，Cyclone 软件的误差在 2mm 内；法如 SCENE 软件的拼接误差在 3mm 内。

（2）成果质量检测

本项目利用扫描仪对标靶进行高精度扫描，将各个扫描测站数据拼接起来，拼接误差控制在 2mm 以内，并对观测物进行环绕闭合扫描，保证扫描精度，降低中误差。在 Cyclone 软件中拼接完成后，将点云数据截出一条，放大看点云的重合度是否分层。如图 2-44 点云数据示意图。质检员利用同样方法在 Cyclone 软件中检验点云拼接，保证满足建模要求。

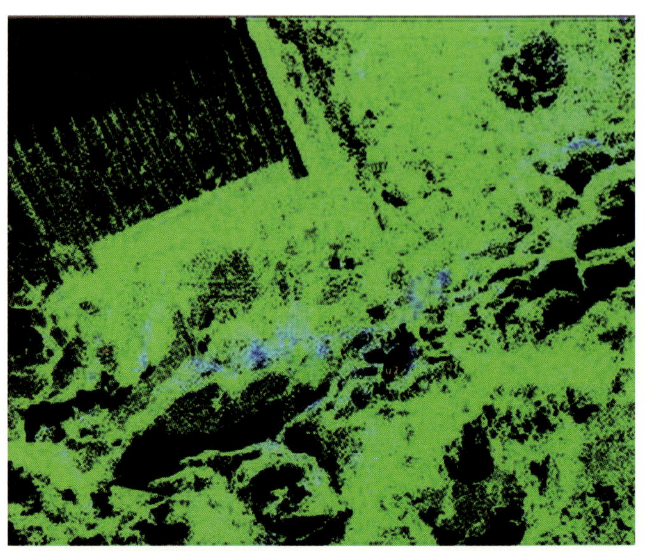

图 2-42　利用 Cyclone 软件进行点云配准

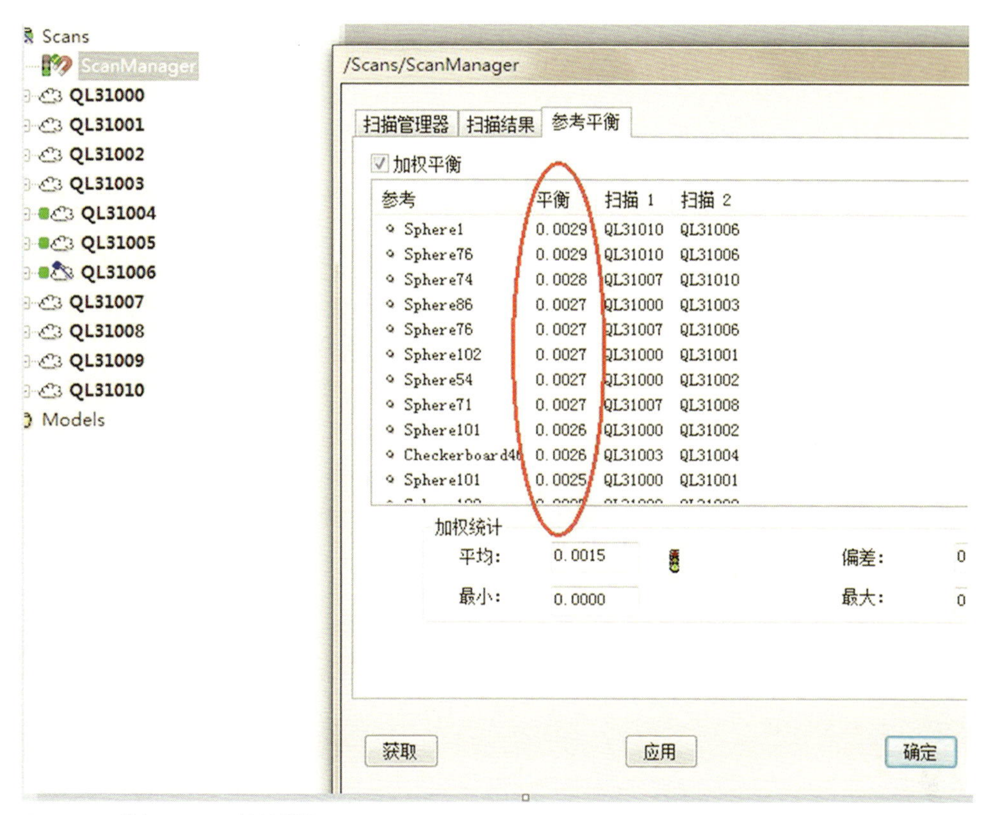

图 2–43　法如 SCENE 软件拼接

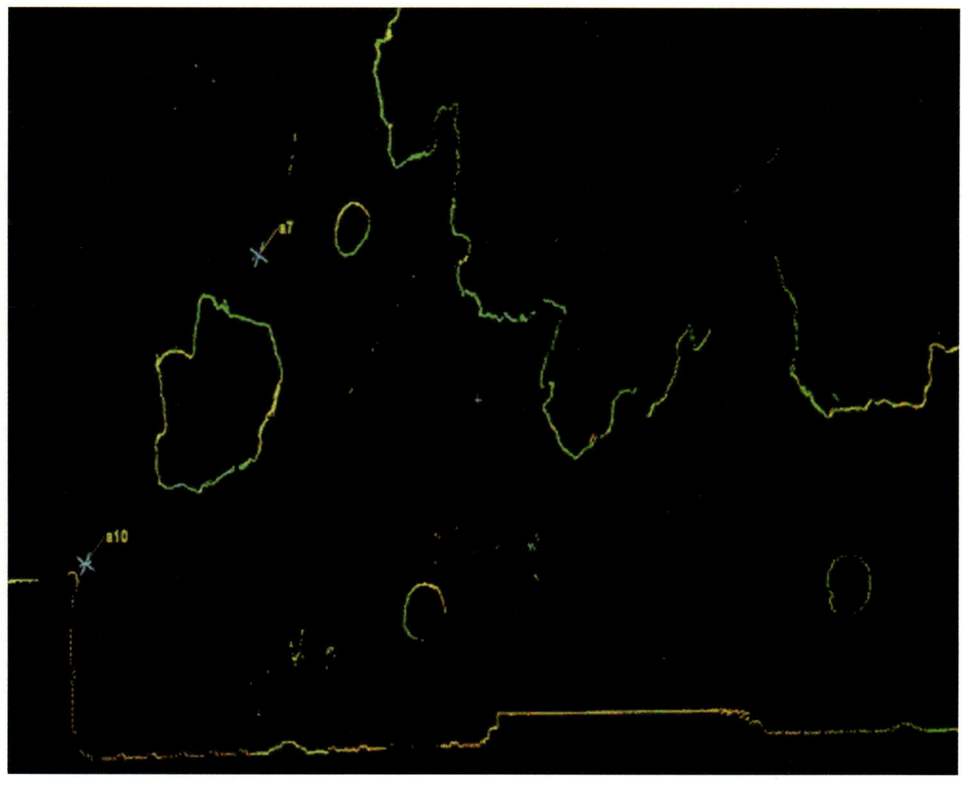

图 2–44　点云数据示意图

4. 场景分割数据重建

在利用三维激光扫描乾隆花园时，除了主要扫描对象，扫描范围内的其他物体也会被扫描。在三维激光扫描数据内去除噪声时，同时也会产生数据空洞。直接利用点云数据建立的模型数据量巨大，无法在其他软件平台上正常使用。所以三维重建的过程包括：去除噪声，提取主要扫描对象；对点云数据进行分组分割；基于分类的点云数据采用不同的方法进行三维重建；对漏洞区域进行填补建模；对模型进行二次精简及分组以达到后续三维编辑软件对处理数据量的要求。

（1）点云去噪

三维激光扫描仪测量所获得的点云数据包含了乾隆花园内的所有空间信息，由于建筑、游客、警示牌、垃圾桶和杂草对扫描仪的遮挡，导致点云数据中出现大量的“噪声”数据，对这些不需要的地物信息需要去除，提高被测目标特征点的有效性和正确性。项目使用 Cyclone6 软件的视图工具和编辑工具等来完成“噪点”的剔除。从分割前的二进院原始三维点云模型图中可以看到，假山石前有建筑和摆件的遮挡，有许多树木的遮挡，假山石周围散布着大量杂草形成的无效数据（图 2-45）。因此，要实现整个场景的精细分割将会十分困难。

（2）场景分割

由于整体点云数据量庞大，在制作模型的时候无法对整体的点云进行建模，所以需要将场景的假山、摆件、建筑、植物、铺装从点云数据中提取出来，对点云进行分割，然后分块建模（图 2-46 ～图 2-48）。

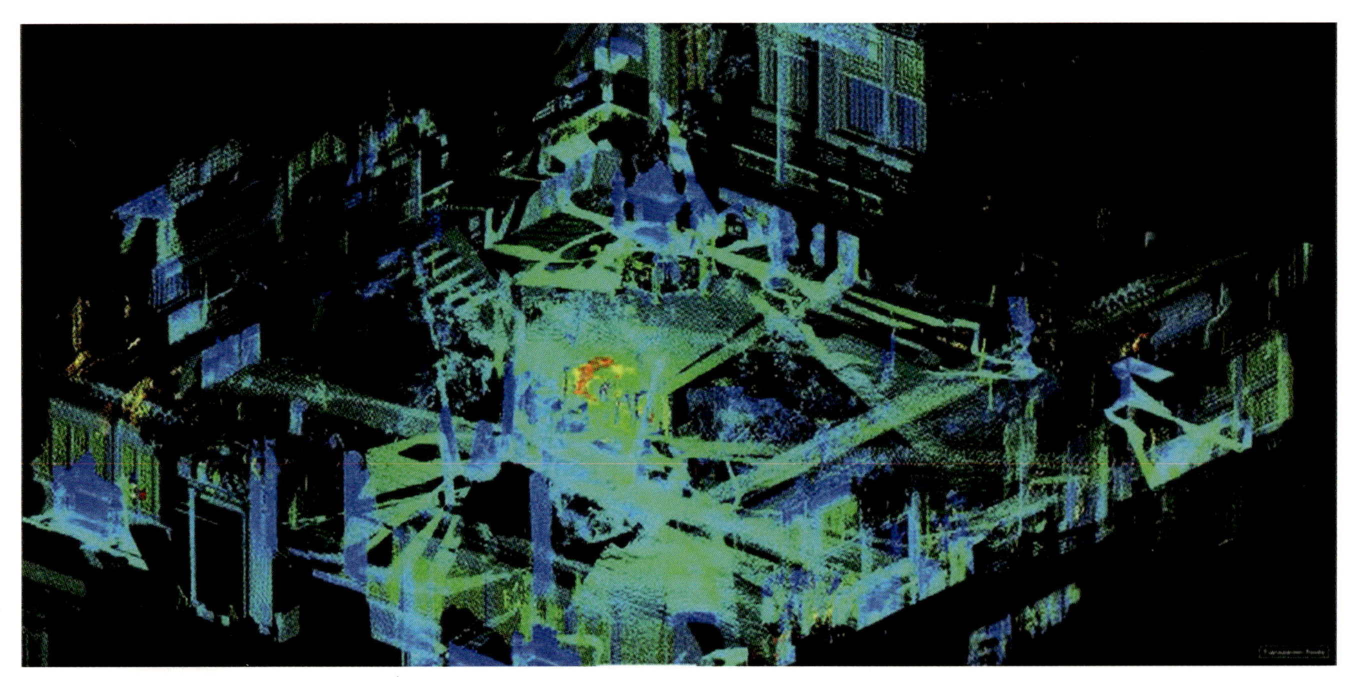

图 2–45　二进院去噪前

图 2-46　二进院去噪后

图 2-47　摆件数据分割提取（1）

图 2-48　摆件数据分割提取（2）

（3）三维重建

三维点云模型只包含测点的空间坐标信息，必须通过网格化重建相应的三维几何模型，才能实现数字化保存和展示。

将分块后的假山石和部分摆件点云数据导出为 xyz 格式，然后将 xyz 点云导入 Geomagic 软件，在该软件中将点云封装为三角网格模型（图 2-49）。部分摆件形状规则，直接利用点云数据进行建模会增加模型数据量。于是将其导入建模软件中，作为参照尺寸，重新利用规则形状进行建模。利用上述方法建立的网格模型，较好地再现了被测物的真实形状，而且速度快，减少了部分数据量。

（4）补洞

由于植物、游客、警示牌和垃圾桶等障碍物的遮挡，以及扫描仪自身局限性的制约，在点云数据的后处理过程中去除遮挡物噪声的同时也造成了假山数据的缺失，导致重建的三角网格模型产生空洞。基于假山石的基本规律，我们利用 Geomagic 软件的补洞工具对假山网格模型进行了修复处理，取得了比较理想的效果。

（5）数据精简

尽管高精度三维激光扫描能更准确地捕捉到假山和摆件的细节，但产生的点云数据及其所建模型数据量巨大，在其他软件平台上进行模型合并和贴图操作十分困难。乾隆花园四进院假山全面扫描的数据量达到 27GB。

因此，在有效保留假山、摆件风格、细部特点和必要精度的前提下，必须对模型数据进行一定的简化处理，缩减模型的数据量。将分块建好的模型在 Geomagic 软件中按照总面数的 10% 进行精简，然后再对精简好的模型进行合并，对边界进行缝合。

（6）模型分组

对合并完成的网格模型进行分类，分为假山、摆件、植物、铺装和建筑五部分，假山的数据量庞大，为了便于贴图操作，还需将假山进行分组。

5. 纹理映射

纹理就是附着在网格模型表面的颜色信息，为获取高分辨率、精确的三维文物模型，工作的重点在于网格模型与图像之间的纹理映射，即建立网格模型上各顶点与图像像素间的对应关系。在 Geomagic 中导入网格模型，将模型调整到照片对应的视角，再导入照片，在模型和照片上选取 6 对上述的对应特征点，软件将自动把照片映射在模型上。从图 2-50 中可以看出，增加纹理映射后假山的细节表现得比较丰富、真实。

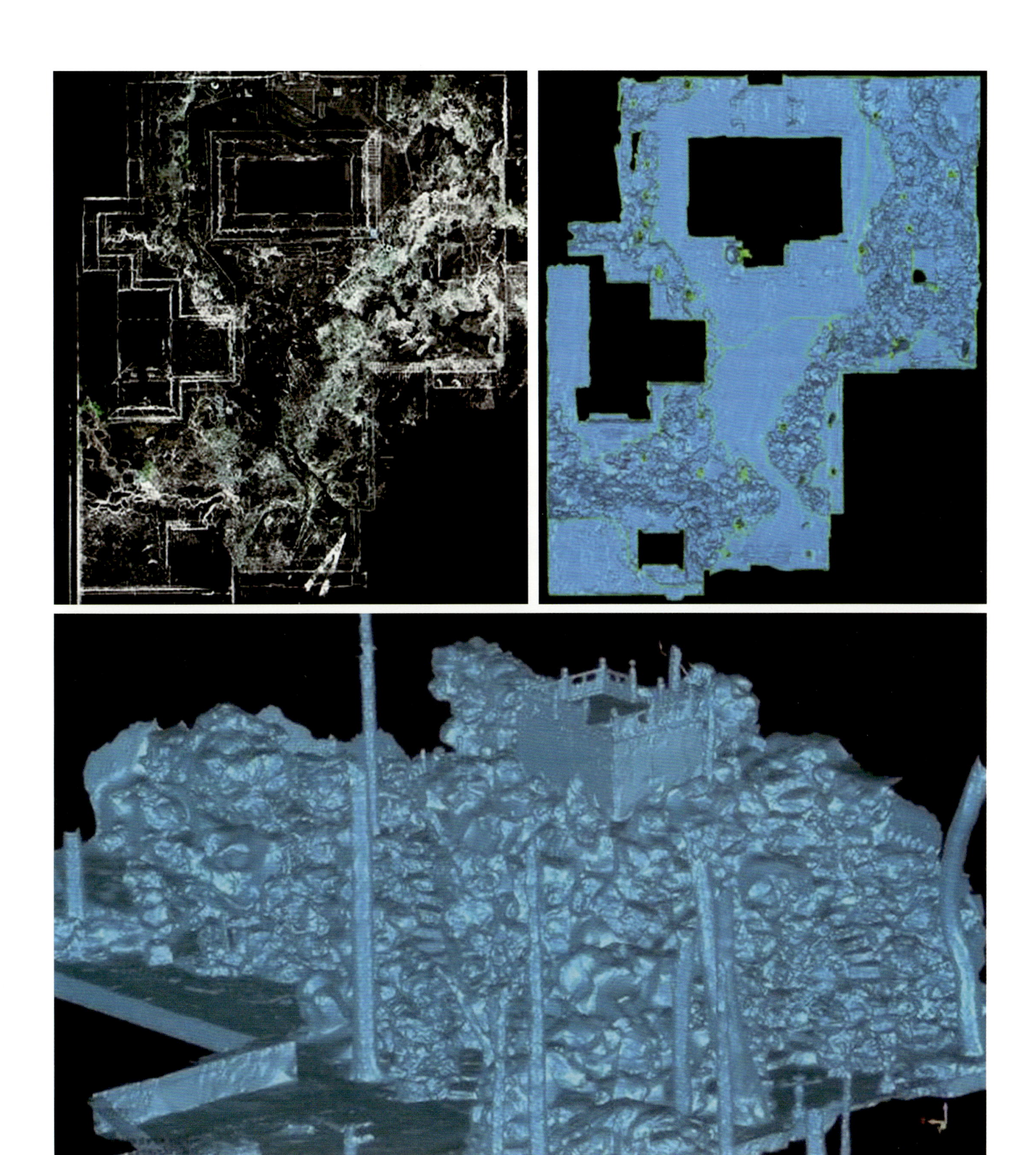

图 2-49　三维重建步骤

图 2-50　纹理映射

图 2-51　可视遥控拍照

图 2-52　布设控制点

图 2-53　控制点测量

图 2-54　调整遥控器，对地面进行拍摄

（四）使用近景摄影测量技术测绘铺装

乾隆花园地面铺装做法比较复杂，如构成道路、建筑散水、院落铺墁等；铺装的材料亦多样，包括普通的砖铺地、五色石铺地、石子铺地等。且花园中各院落地面铺装存在着不同程度的残损问题，诸如：不均匀沉降、磨损、风化、剥落等。因此，我们应用数字近景摄影测量系统软件对乾隆花园四个院落的地面铺装做了精确测绘。

1. 设备组成及工作流程

测绘设备主要有佳能 5D 单反数码相机和全站仪。由于部分地区加置了防护栏杆，不利进入拍摄，所以配置了可伸缩辅助高杆，将相机调平后，可对地面进行垂直正射影像拍摄。同时配置了相机遥控器，可以通过遥控器查看相机拍摄范围，遥控相机拍摄，减少因人为操作而造成的相机晃动（图 2-51）。

2. 数据获取

（1）布设控制点（图 2-52）

数据采集作业前，对测区铺装进行详细考察，根据测区与周围遮挡情况以及相机视场角和被摄物体成像的范围，布设控制点。根据铺装的位置和形状，控制点应尽可能布设在被摄测区的周围且分布均匀。

（2）控制点测量（图 2-53）

整个测区均匀布设控制点，每个控制点都使用涂改液在角落标记，控制点坐标测量采用 KTS-442R 型全站仪，采用棱镜模式采集控制点中心位置坐标。

（3）相片拍摄（图 2-54）

使用佳能 5D 单反数码相机：1280 万像素、像幅 35.8mm × 23.98mm、镜头焦距为 24 ～ 70mm。将镜头固定为 24mm，以求能够获得最大拍摄范围。摄距为 2m 左右，摄站间距 0.5m 左右，每个摄站拍摄 1 张影像，影像间重叠度 60% 以上，共拍摄 212 张相片。

3. 三维重建

（1）几何重建

首先将外业采集的影像数据和控制点坐标数据导入计算机，利用软件自动匹配照片，计算相机位置及相机参数，生成点云数据；选择高程平缓模式建立三角网格数据；再利用软件自带的网格编辑工具去除多余的三角网格，对漏掉的网格进行补洞处理（图 2-55）。

（2）坐标纠正

在带有控制点的相片中标记出每个控制点，然后进入控制点模式，依次输入全站仪测绘获取的坐标数值，在为模型建立坐标系的同时，根据测绘获得坐标优化模型。

（3）纹理处理

最后，选择正射影像模式生成铺装正射影像图，并将影像输出。

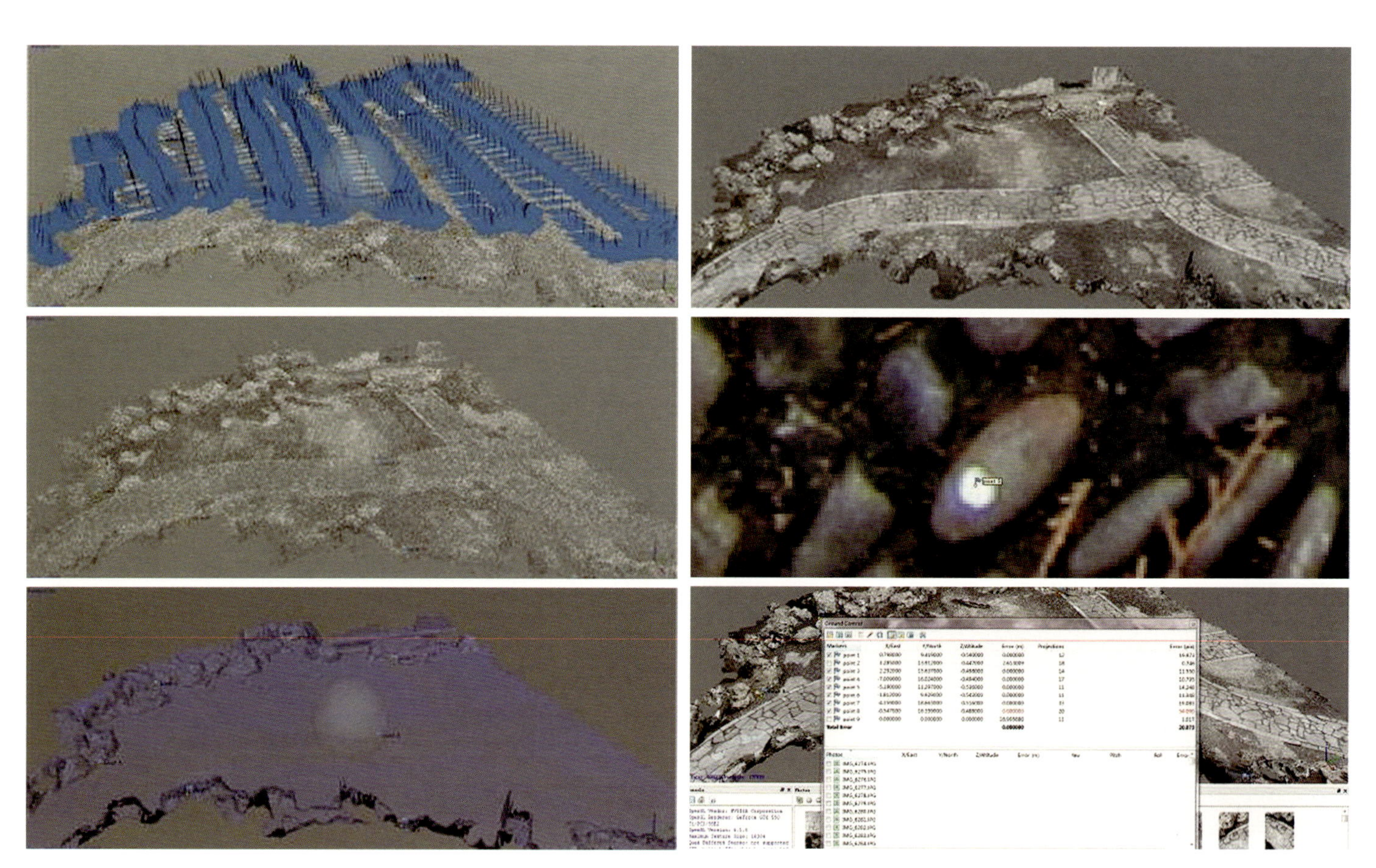

图 2-55　几何重建

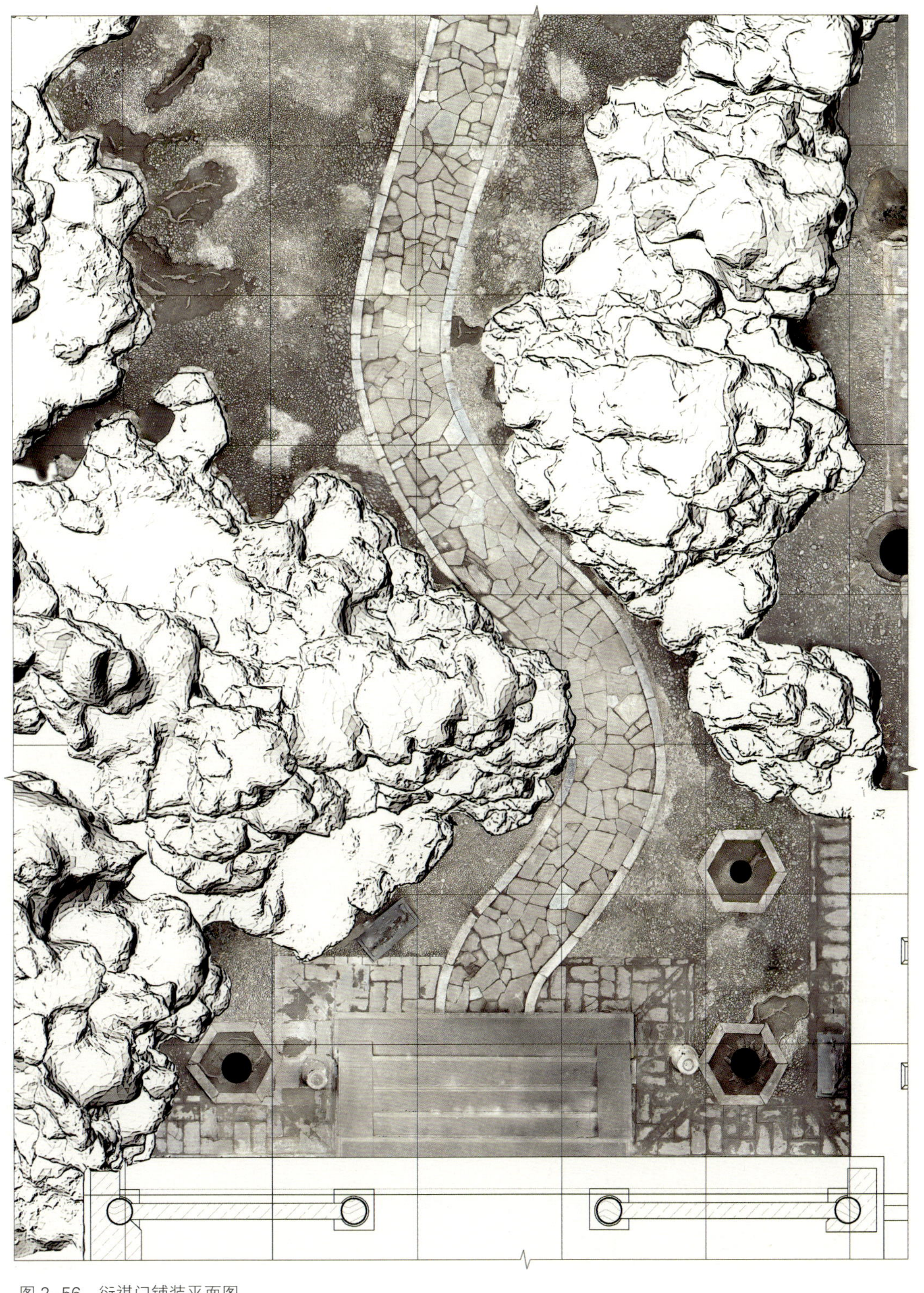

图 2-56　衍祺门铺装平面图

（五）虚拟展示平台 Citymaker

虚拟现实技术主要是对已完成的模型，通过设置光照，实现场景渲染和烘焙，以丰富虚拟场景的视觉效果，增强场景的真实感和沉浸感。

1. 工作流程

将乾隆花园的建筑、假山、摆件、植物和铺装模型合并整理，导入 Citymaker 平台中，通过设置场景的光照、相机等参数，并进行渲染和烘焙，增强场景的真实感，生成一个可虚拟漫游的数字化乾隆花园。

2. 数据烘焙

数字化模型不仅要求科学的精准性，同时作为要展示的成果，还应具备视觉艺术性，因此在该阶段的工作还要考虑模型的艺术处理，包括光影效果、材质运用、烘焙特效、艺术处理等，从而达到研究和展示的双重目的。通过烘焙技术等艺术处理方法，使模型更具体积感、厚重感、真实感，同时与周围产生的光影效果也让数字乾隆花园更显逼真和美观。

三维建模工作完成后，模型的数据量总和远远超出预想的范围，3DS Max 文件大小达到了 9GB，仅仅一进院院落的网格数量就达到了百万级。文件量已经超出基于 windowsXp 系统平台软件的运算范围，因此所有数据合并工作均在 Win7 系统下完成。虽然对模型进行了合并，但模型的巨大数据量还是会导致在烘焙阶段极易出错，经过反复尝试最终完成了模型的烘焙。将模型文件导入 Citymaker，并将烘焙文件导入软件与模型进行匹配，极大地增强了场景的真实感，实现了数字乾隆花园的虚拟展示。

3. 虚拟漫游

基于 Citymaker 平台的数字乾隆花园虚拟现实场景文件大小达到了 19GB，在 win7 系统下实现了流畅的虚拟漫游。Citymaker 平台可以提供以下几种三维虚拟漫游模式：

（1）自动导游模式，即按照预先精心规划的最佳游览路径与最佳观察视角，为用户提供场景的三维虚拟展示服务。

（2）视点选择模式，即平台提供一组预设的场景相机位置，用户通过选择特定相机实现对虚拟场景中感兴趣部分的欣赏。

（3）交互漫游模式，即用户通过鼠标和键盘实时控制漫游方向、调整视点，进行自主方式的场景漫游。

（六）数字化工作总结

1. 成果及意义

基于 Citymaker 平台建立的数字乾隆花园，使全方位欣赏古典园林成为可能，并突破了真实环境中的各种制约，实现了融入式的参观漫游和对古典园林的多角度、多方位观摩与研究。

乾隆花园数字化工作，不仅利用多种测量技术完成了对园林空间要素的测绘，建立了高精度、高仿真度的三维模型，并利用测绘结果完成了二维平面图、剖面图、立面图、三维模型演示动画等多项成果。为进一步开展乾隆花园研究及保护提供了坚实的基础。

同时，利用全站仪、三维激光扫描和近景摄影测量等多技术结合的手段完成的乾隆花园数字化重建也为古典园林数字化研究提供了有益的借鉴，并起到了示范作用，具有广泛的推广应用前景。

2. 不足与思考

二维的平面图纸携带的错误信息很难识别，但通过三维建模就可以清晰地予以矫正。相关单位所提供的现状图纸中，平面图、立面图、剖面图均存在不同程度的误差，这在一定程度上导致建模工作无法顺利进行；只有当模型搭建起来，才能直观地觉察出其正误。如在乾隆花园建模工作中，我们就发现三友轩建筑图纸与现状不符。

由于地面铺装正射影像的拍摄受到天气情况的制约，在数据采集阶段无法保障遵照工作计划正常进行，所以铺装的处理工作还需进一步完善。目前成果仅算是为古典园林数字化工作积累经验。希望伴随着近景摄影测量技术与三维激光扫描技术的日趋完善，能够早日实现对乾隆花园的“标本式”、“复活式”的数字化保存。

（七）图纸展示

根据不同院落建筑及布局特点，绘制平、立、剖面图，图纸目录如表 2-5 所示。

图纸目录 表 2-5

		图号	图纸名称	图纸比例
总图		ZS-01	总平面	1 : 100
		ZS-02	总剖面	1 : 50
分区	一进院	YS-01-01	一进院总平面图	1 : 50
		YS-01-02	一进院抑斋西立面图	1 : 50
		YS-01-03	一进院抑斋北立面图	1 : 50
		YS-01-04	一进院东侧假山石西立面图	1 : 50
		YS-01-05	一进院东侧假山石南立面图	1 : 50
		YS-01-06	一进院西南侧假山石南立面图	1 : 50
		YS-01-07	一进院西南侧假山石北立面图	1 : 50
		YS-01-08	一进院西侧假山石东立面图	1 : 50
		YS-01-09	一进院东侧假山剖面图	1 : 50
	二进院	YS-02-01	二进院铺装总平面图	1 : 50
		YS-02-02	二进院假山石南立面图	1 : 50
		YS-02-03	二进院假山石北立面图	1 : 50
	三进院	YS-03-01	三进院铺装总平面图	1 : 50
		YS-03-02	三进院假山石西立面图	1 : 50
		YS-03-03	三进院假山石北立面图	1 : 50
		YS-03-04	三进院假山石东立面图	1 : 50
		YS-03-05	三进院假山石南立面图	1 : 50
		YS-03-06	三进院假山石剖面图 1	1 : 50
		YS-03-07	三进院假山石剖面图 2	1 : 50
		YS-03-08	三进院假山石剖面图 3	1 : 50
		YS-03-09	三进院假山石剖面图 4	1 : 50
	四进院	YS-04-01	四进院铺装总平面图	1 : 50
		YS-04-02	四进院假山石西立面图	1 : 50
		YS-04-03	四进院假山石北立面图	1 : 50
		YS-04-04	四进院假山石东立面图	1 : 50
		YS-04-05	四进院假山石南立面图	1 : 50
		YS-04-06	四进院竹香馆立面图	1 : 50
		YS-04-07	四进院假山石剖面图 1	1 : 50
		YS-04-08	四进院假山石剖面图 2	1 : 50

续表

		图号	图纸名称	图纸比例
分区	种植图	ZZ-01	现状植物说明——苗木表	—
		ZZ-02	一进院种植平面图	1 : 50
		ZZ-03	二进院种植平面图	1 : 50
		ZZ-04	三进院种植平面图	1 : 50
		ZZ-05	四进院种植平面图	1 : 50
	设施布置	fs-01	陈设摆件布置说明	—
		fs-02	一进院陈设索引平面图	1 : 50
		fs-03	二进院陈设索引平面图	1 : 50
		fs-04	三进院陈设索引平面图	1 : 50
		fs-05	四进院陈设索引平面图	1 : 50
	铺装详图	YS-05-01	铺装分区图	1 : 100
		YS-05-02	铺装平面图	1 : 20

乾隆花园
园林艺术

一进院空间布局

宁寿宫第一进古华轩庭院以掇山形成“山包院”结构，以大面积的叠石掇山环抱院落的三面，正面则以屏山障景，进衍祺门，迎面便是一带蜿蜒透迤的山屏，既是障景又是对景。山前空间仅 4m 左右，形成相对独立的入口空间，也借由狭小的空间体现掇山的高险。除此之外，这一屏山手法的运用还起到了调整院落轴线的作用。院中主山起脚于北宫墙之下，由西向东折为山间蹊径盘道，循山径可直至大掇山背后。山坳中点缀竹丛、湖石，形成相对独立的小景区。出幽谷，山势陡增直上达承露台。承露台以南，山势一折而为幽谷和余脉，在院落东南又围合了抑斋小院，形成对比极为强烈的多空间组合（图 3-1 ~图 3-13）。

图 3-1　一进院三维效果图

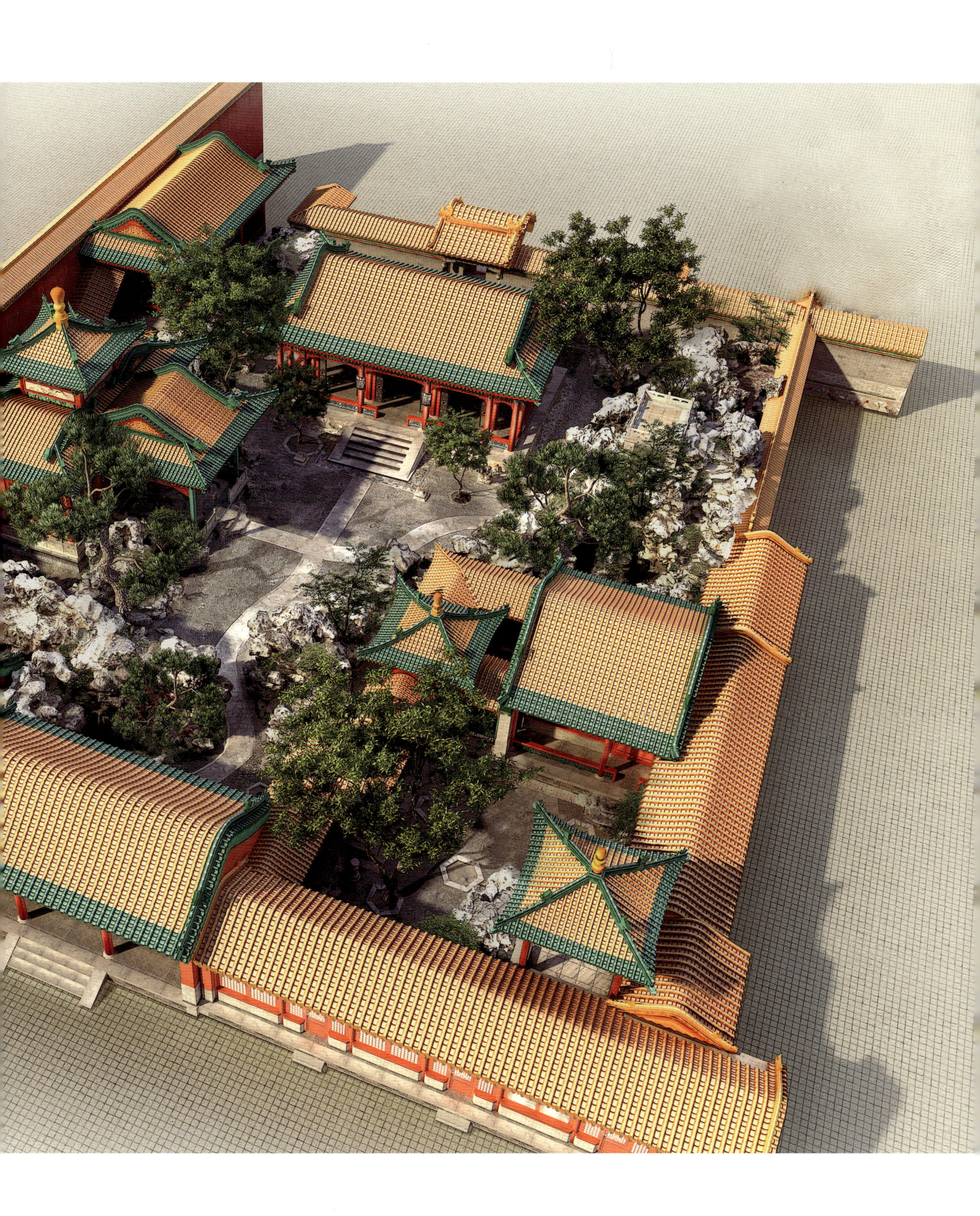

图 3-2 一进院总平面图

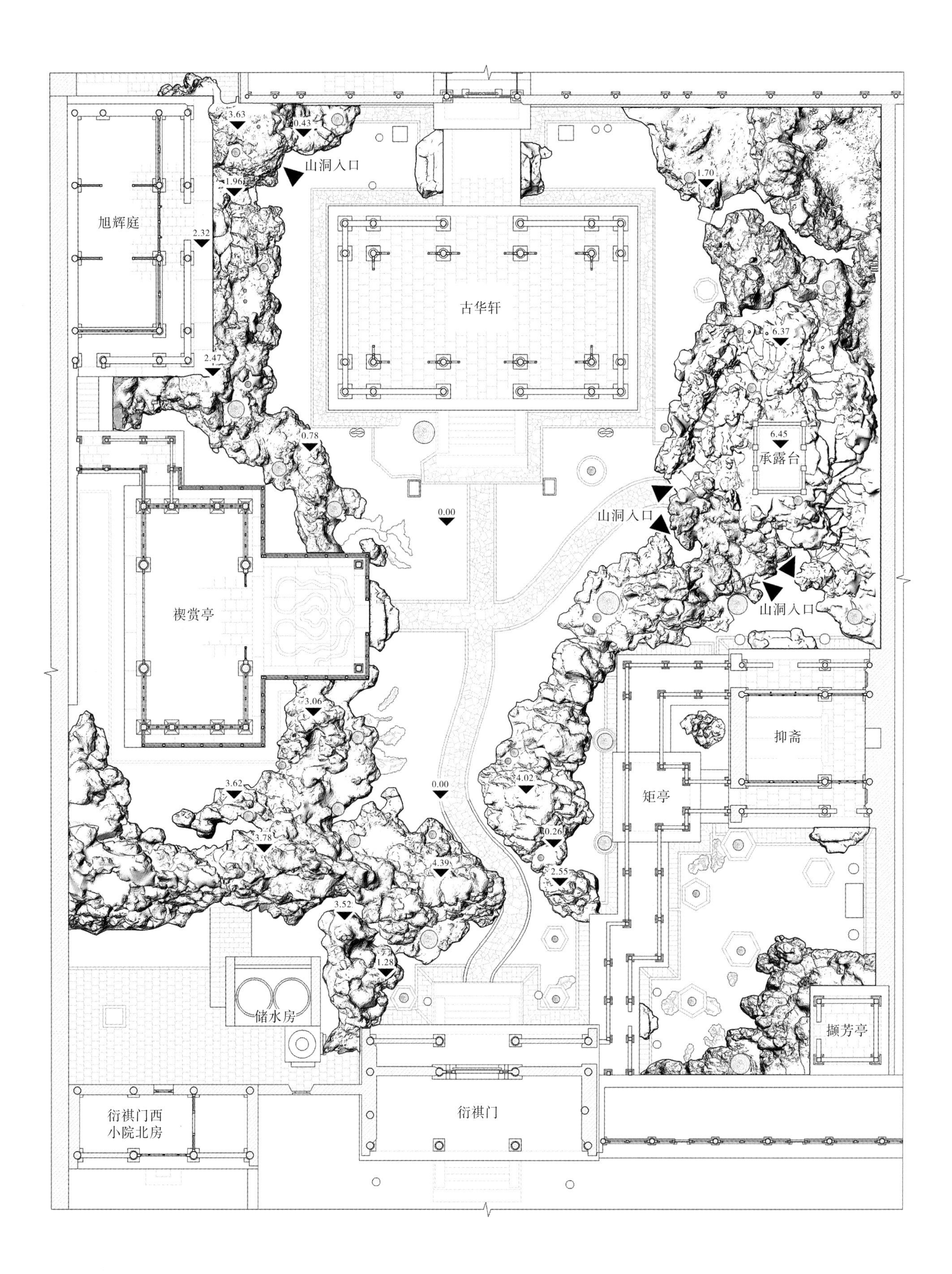
3.63
0.43
山洞入口
1.96
旭辉庭
2.32
古华轩
1.70
6.37
2.47
6.45
承露台
0.78
0.00
山洞入口
禊赏亭
山洞入口
3.06
抑斋
3.62
0.00
4.02
矩亭
3.78
0.26
4.39
2.55
3.52
1.28
储水房
撷芳亭
衍祺门西
小院北房
衍祺门

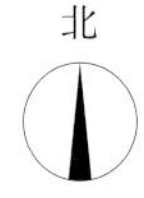
北

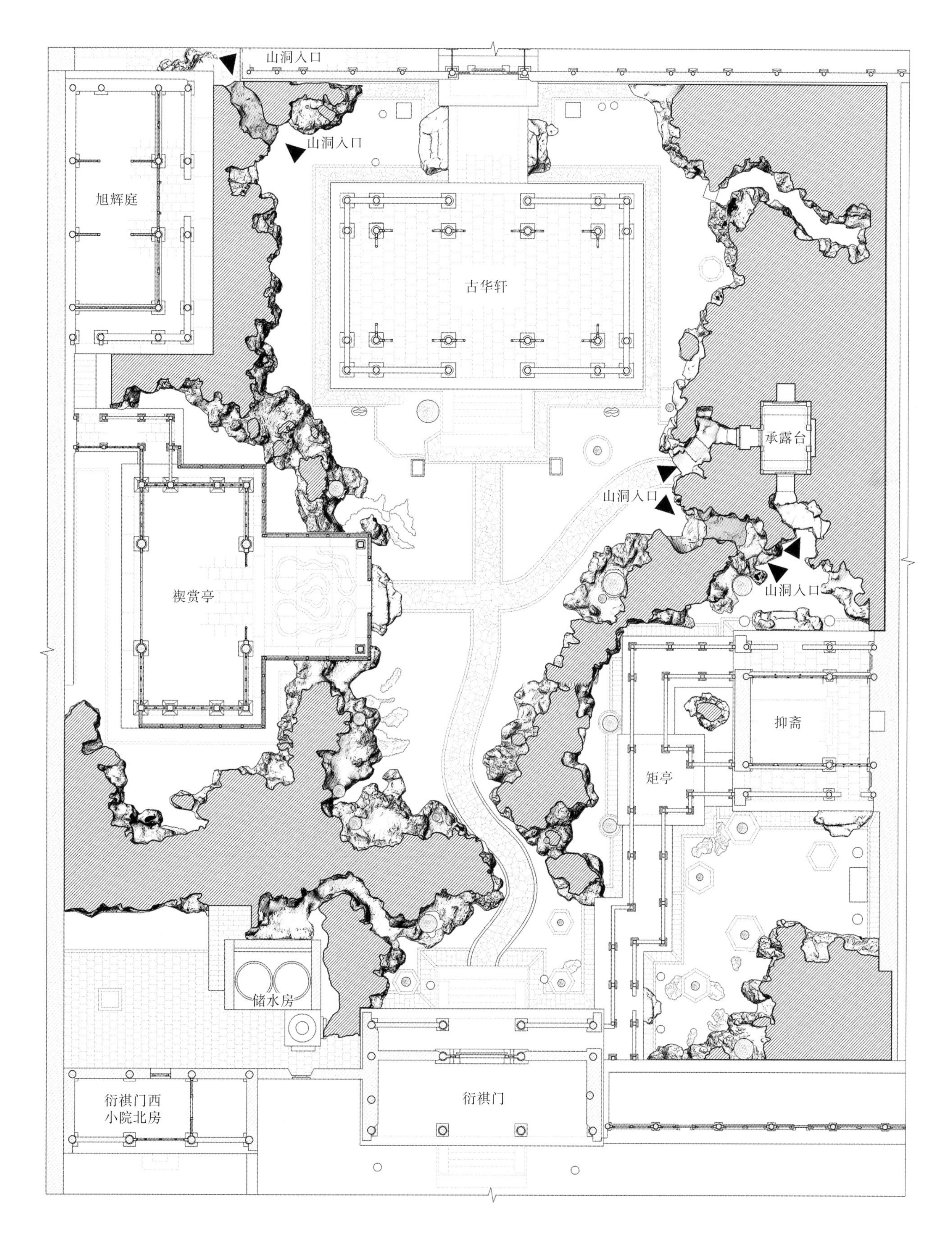

图 3-3　一进院假山距离地面 0.5m 高剖面图

图 3-4　一进院假山立面图

图 3-5 一进院东侧西立面图

图 3-6 一进院西侧东立面图

图 3-7　一进院西侧南立面图

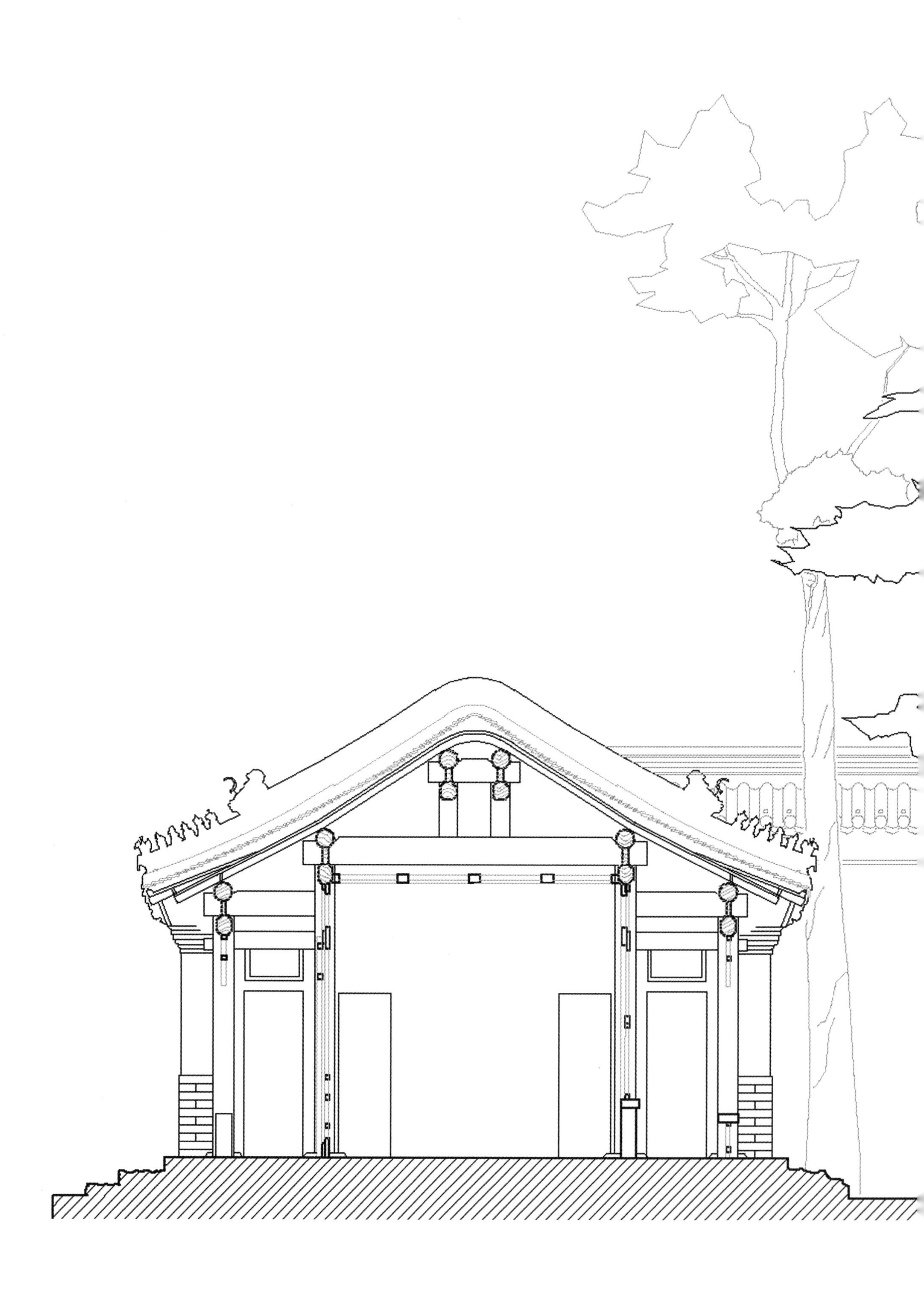

图 3-8　一进院抑斋西立面图

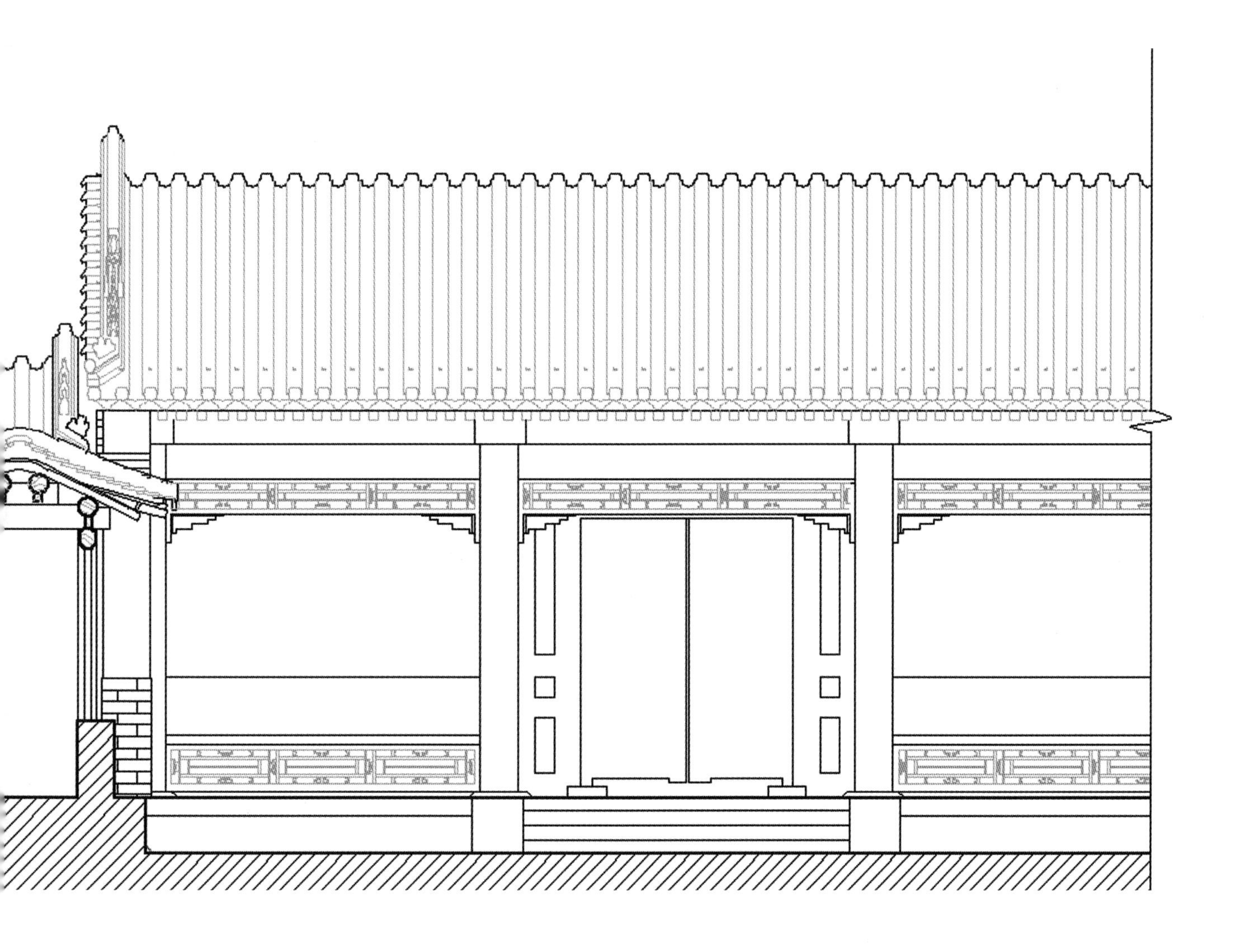

图 3-9 一进院抑斋北立面图

图 3-10　一进院抑斋铺装平面图

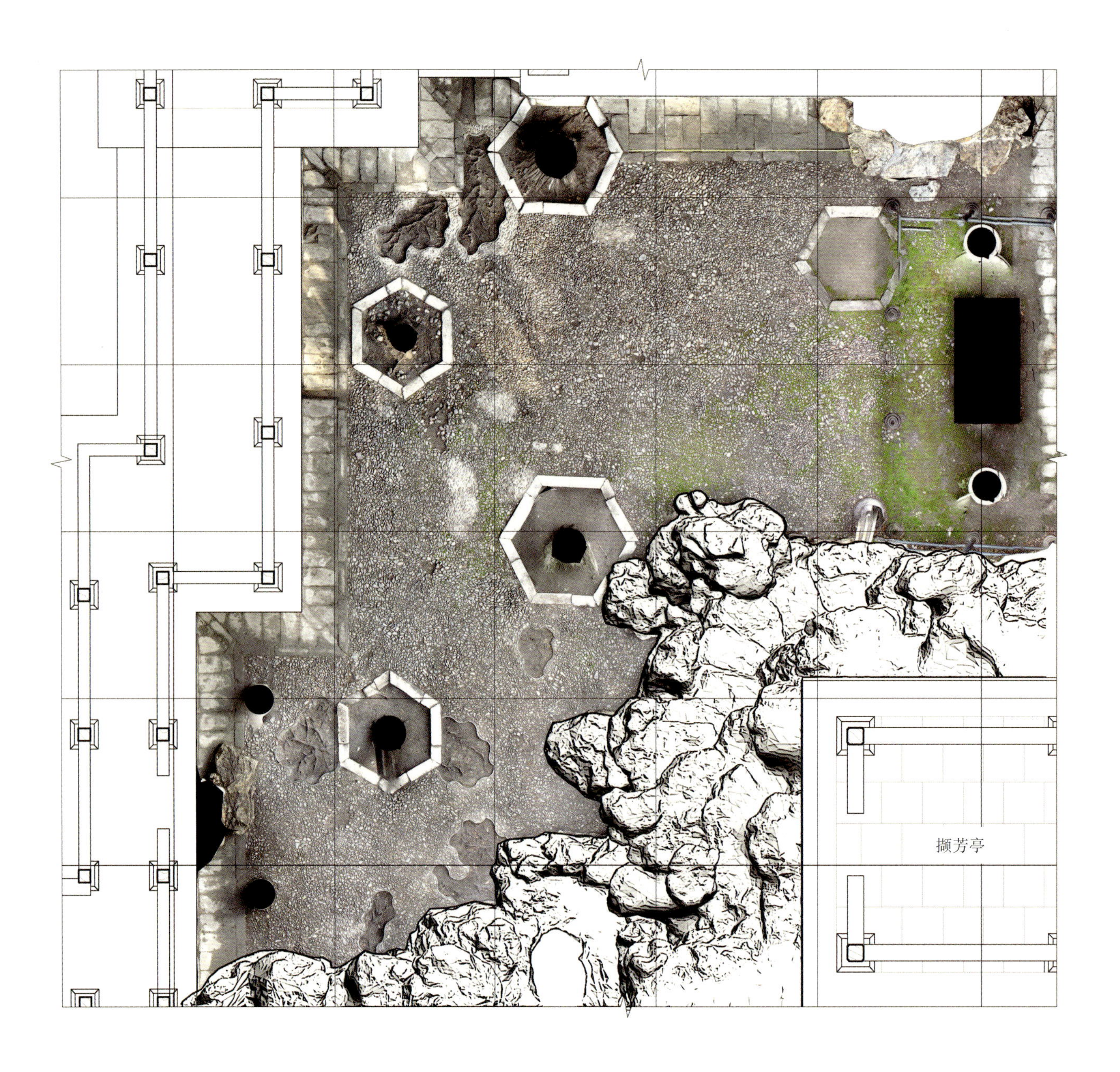

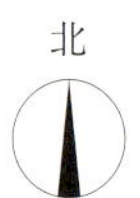

图 3-11 一进院古华轩南铺装平面图

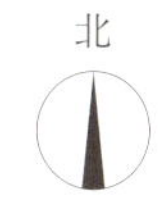

图 3-12　一进院古华轩西铺装平面图

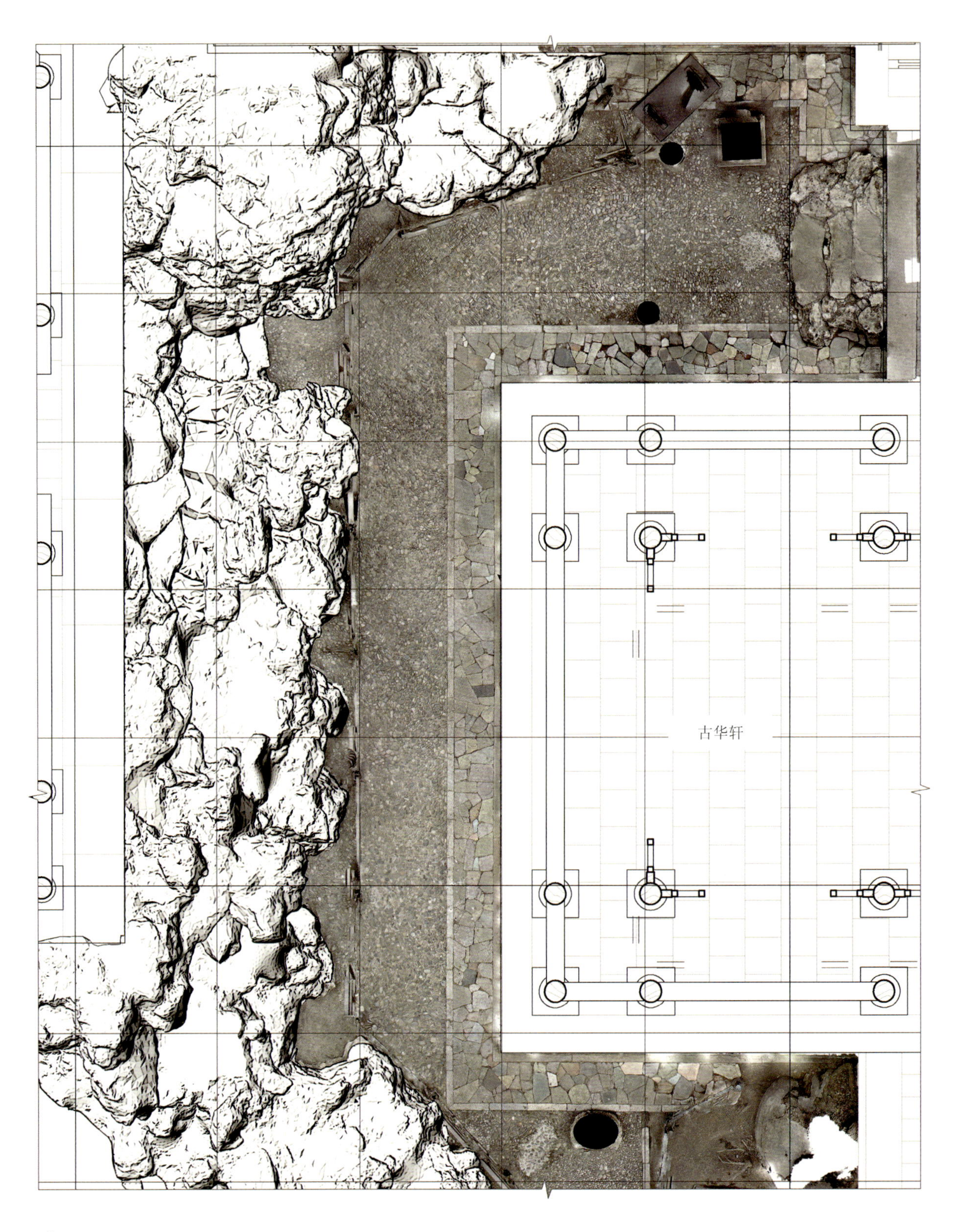

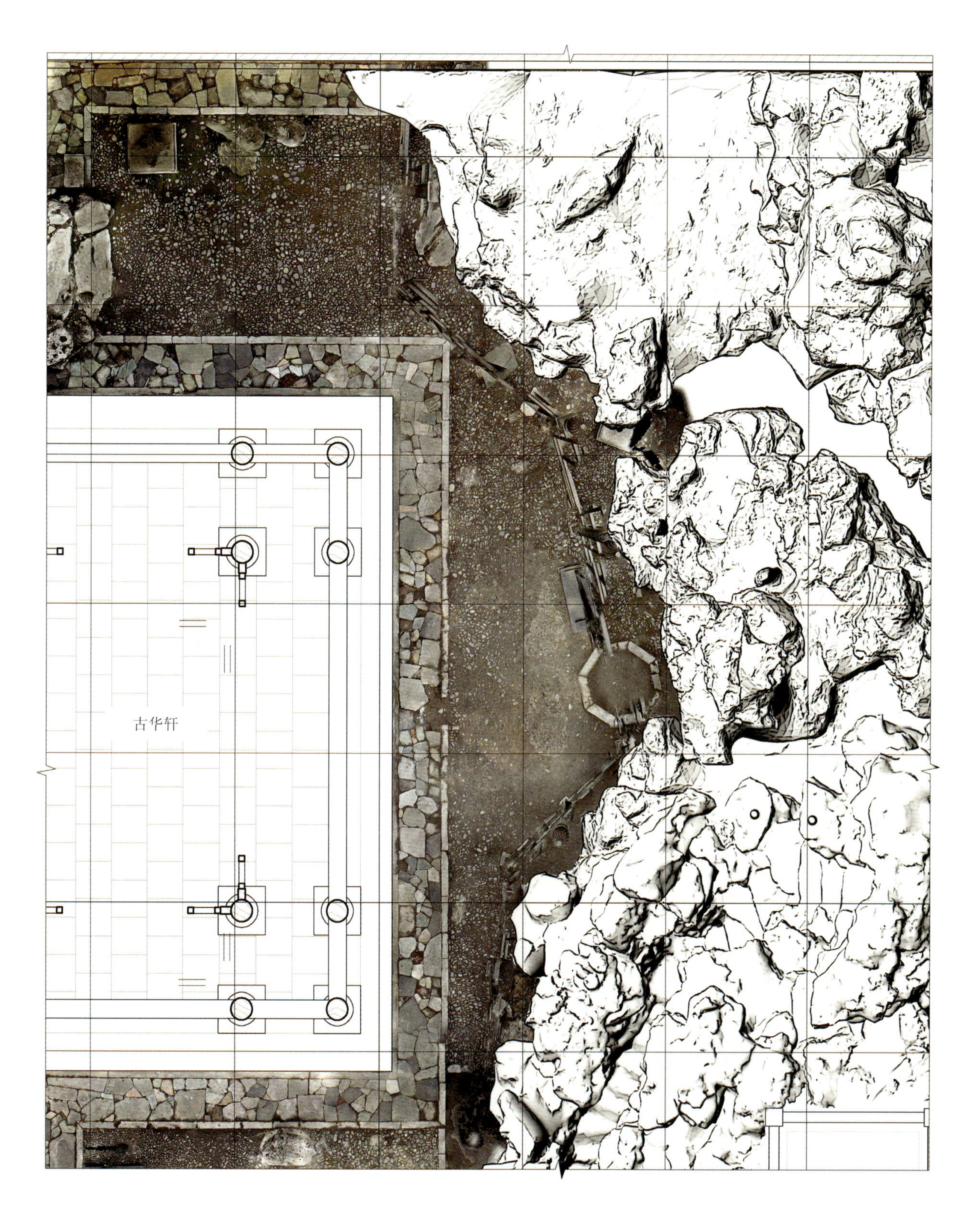

图 3–13 一进院古华轩东铺装平面图

乾隆花园正门名曰衍祺门，面阔三间，卷棚硬山顶，黄琉璃瓦绿剪边，位于宁寿宫北侧（图 3-14）。站在衍祺门外看院内，湖石假山映入眼帘，衬托于红墙绿树之中层峦叠嶂的山石似乎填满了整个空间。

从衍祺门进入花园内，开门即看见假山，以“曲径通幽”的手法将游人引入古木参天、山石环抱的院落空间内（图 3-15、图 3-16）。假山轮廓如云头起势，眼前假山东西交错，似屏风障景，又似古画云头皴法，于湖石之间，隐约看见院内建筑掩映于古树之间。此为障景，类似写文章欲扬先抑的手法。将主要景观藏于假山之后，透过湖石露出点滴胜景。

沿脚下五色甬路蜿蜒前行，初走两步空间狭窄，绕过假山空间豁然开朗，一座“凸”字形状建筑映入眼帘。此亭即为禊赏亭（图 3-17），始建于清乾隆三十七年（1772 年），坐西朝东，三面出歇山，前出抱厦，中间为四角攒尖琉璃宝顶，屋顶形式为黄琉璃瓦绿剪边，檐下彩绘为苏式彩绘，亭内西侧为黑漆云龙屏风（图 3-18、图 3-19）。禊赏亭平面呈“凸”字形，亭柱镌刻虞世南、褚遂良、冯承素等临摹王羲之的《兰亭序》，以及乾隆皇帝亲自临摹的董其昌仿柳公权书《兰亭诗卷》，并置石刊刻乾隆《暮春题兰亭八柱册并序》。禊赏亭取义隐逸、超脱的中国传统文人意象，凝聚着深厚的历史渊源和人文情结。禊赏亭抱厦内地面凿有石渠，渠长 27m，水渠蜿蜒曲折，取“曲水流觞”之意，故又称为“流杯渠”（图 3-20、图 3-21）。渠水来自亭南侧假山后掩蔽的水井，汲水入缸，经假山内暗渠流入渠内。站在亭外朝内看石渠图案像龙头纹样，在亭内向外看图案又似虎头，故而亦名曰“龙虎曲”。

禊赏亭效仿东晋书法家王羲之《兰亭集序》里的“流觞曲水”，是旧时上巳节的一种饮宴风俗，其大致方式是众人围坐在回环弯曲的水渠边，将特制的酒杯（多是质地很轻的漆器）置于上游，任其顺着曲折的水流缓缓漂浮，酒杯漂到谁的跟前，谁就取杯饮酒。如此循环往复，直到尽兴为止。文人则将此风俗发展成名士雅集——酒杯停在谁的面前，须赋诗一首，其乐趣略同今人的“击鼓传花”。魏晋时期，文人雅士喜袭古风之尚，饮酒作乐，纵情山水，清淡老庄，游心翰墨，作流觞曲水之举。这种有如“阳春白雪”的高雅酒令，不仅是一种罚酒手段，还因被罚作诗这种高逸雅致的精神活动的参与，而不同凡响。

禊赏亭南侧以湖石假山为屏障阻挡了红色宫墙（图 3-22、图 3-23），在抱厦四周又以汉白玉雕修竹为栏板（图 3-24），亭内隔窗透雕的竹叶图形正是在营造“崇山峻岭，茂林修竹，清流湍激，映带左右”的空间氛围。

图 3–14　衍祺门

图 3-15　一进院假山障景

图 3-16　曲径通幽

图 3-17 禊赏亭与屏山入口遥相呼应

图 3-18　禊赏亭南假山中种植的榆叶梅与松柏

图 3-19 禊赏亭隔窗

图 3-20 禊赏亭前曲水流觞

图 3-21　禊赏亭与屏山前后呼应

图 3-22　一进院南部假山

图 3–23　一进院屏山

图 3-24　禊赏亭栏杆上的修竹雕刻栏板

古华轩是进入衍祺门后的第一座敞轩，也是一进院的主体建筑（图 3-25），坐北朝南处中，始建于乾隆三十七年（1772 年），建成于乾隆四十一年（1776 年），是一座五开间歇山卷棚式的敞轩，周围带廊，檐柱间设倒挂楣子与栏杆坐凳，金柱间安放着灯笼锦的透空落地罩。轩内是楠木本色的天花，雕刻有百花图案，十分古朴淡雅。在古华轩正面悬挂御笔书写的“古华轩”匾额（图 3-26），轩内还悬挂木雕龙纹匾额4块，楹联1副，均为乾隆皇帝为轩前古楸而题。轩前有古楸树一棵（图 3-27），正是先有了这棵古楸，乾隆皇帝才决定在这里建一座敞轩。正如古华轩的对联所言：“明月清风无尽藏，长楸古柏是佳朋”。关于“古华轩”的命名有一段故事：建园之初此地即有古楸树，因为占据院落正中，设计者拟伐除此树，建一五开间歇山卷棚式屋顶的敞轩。乾隆得知后说，房屋可以择地而建，计时而成，树木须培植多年，且死不可复生，可把轩后移。乾隆一向主张就树建屋，保护古树；因山就势，因地制宜。他多次用诗表达自己的见解：“古松不可移，筑屋就临之”（《就松室》），“松古屋亦古”（《古松书屋》），足见他十分懂得树木花草在造园中衬托主景的妙用。古楸因轩后移而得到保护，此轩因古楸而更显古朴，两者融为一体，因古而华，达到了乾隆皇帝最理想的造园意境，故名曰“古华轩”。

古华轩内部装修古朴素雅，尤其轩内天花别具一格，摒弃通常的彩绘装饰方法，采用以卷草花卉为图案的楠木贴雕，典雅高贵，气度不凡。由于图案凸起于天花板之上，在光影的变化中产生很强的立体感，虽不如彩绘贴金般光灿夺目，但其艺术韵味和装饰效果却独具一格，别出心裁（图 3-28 ～图 3-30）。

图 3-25　古华轩

提到金丝楠木有这样一个传言：乾隆花园建设期间和珅是项目总管之一，在置办工程所需物料时他采用了多报少用的方法得到了皇家御用的金丝楠木料，又将木料用于恭王府锡晋斋，这才有了后来嘉庆皇帝罗列的和珅二十大罪状之第十三条："昨将和珅家产查抄，所盖楠木房屋，僭侈逾制，其多宝阁，及隔段式样，皆仿照宁寿宫制度，其园寓点缀，与圆明园蓬岛瑶台无异，不知是何肺肠。""僭侈逾制"罪状就是指和珅越制用楠木盖了这个锡晋斋，两层仙楼屋内所有的隔断用金丝楠木打造，超越了作为臣子应有的建筑规格。金丝楠是非常珍贵的优质良材，由于木材光泽很强，特别是在刨片时有明显的亮点，人们据此称之为金丝楠，其清香千年不散，其材质千年不腐，虫蚁不侵，即使不上漆，也越用越亮（图 3-31）。古时用于宫廷大殿的修造以及家具的制造等。明清两代均严格禁止除皇家以外的建筑使用金丝楠木，违律者轻则抄家，重则处斩，所以有"一楠一命"的说法。明十三陵长陵的祾恩殿是现存最大的楠木殿，殿内的 60 根巨柱，都是用整根金丝楠木制成的，直径很粗，需两人合抱。另外，承德避暑山庄澹泊敬诚殿、慕陵隆恩殿亦由金丝楠木而建成，除此，用金丝楠木打造房屋的就是故宫宁寿宫及和珅当年的私宅。

图 3-26　古华轩匾额

图 3-27　古华轩楸树

图 3-28　古华轩内楠木藻井

图 3-29　古华轩藻井雕刻（三维模型正射影像）

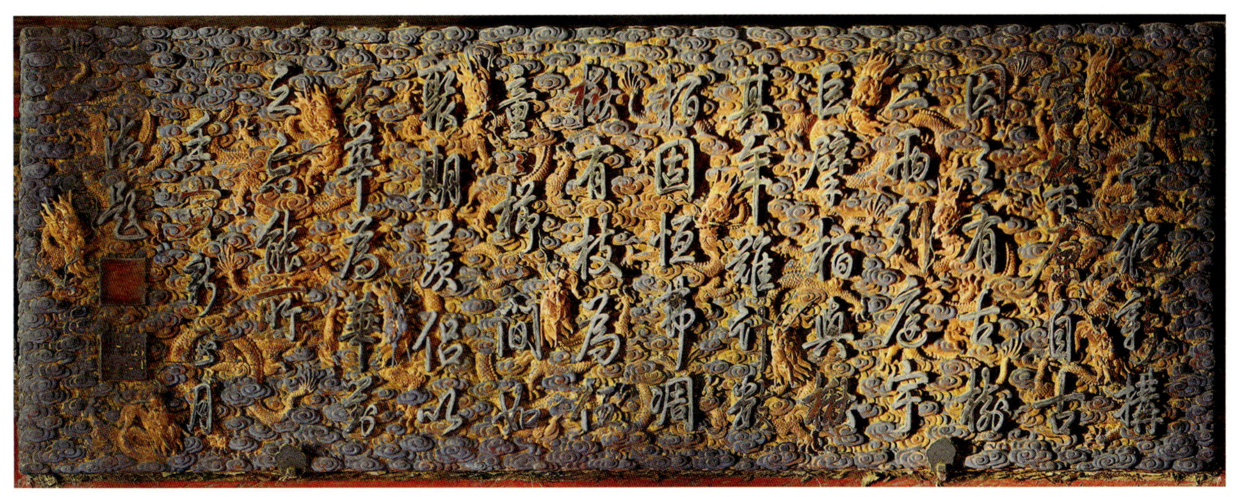

图 3-30　古华轩匾额（三维模型正射影像）

图 3-31　古华轩内景

古华轩正西侧假山之上是旭辉庭，贴墙随山势而建，始建于清乾隆三十七年（1772年）。旭辉庭面阔3间，进深1间，歇山式卷棚顶，上覆绿剪边黄琉璃瓦。明间开门，余为槛墙、支摘窗，窗为步步锦格扇芯。东、南两侧前出廊，南侧接爬山游廊（图3-32）。檐下为苏式彩画，甚为精美。旭辉庭因座西面东，且高居于堆山之上，可迎日出，遂得乾隆御笔“旭辉”。

旭辉庭因位于假山之上而视野开阔，自禊赏亭北侧爬山廊登上旭辉庭，即可俯瞰全园景色。春日清晨，第一缕阳光自旭辉庭开始，洒满整个院落，海棠花、榆叶梅在晨光中绽放，使整个院落色彩怡人。在古华轩和旭辉庭之间的假山之上有一组灌木，春日发芽，夏天开花，其花瓣白色，花蕊淡黄，在北京较为少见，整个故宫也仅有两处，一簇在御花园绛雪轩前琉璃花台中，另一处就在旭辉庭前。此花名为“太平花”是一种珍贵的名花（图3-33）。清代高士奇《天禄识余》中记载“太平花出剑南，似桃，四出，千百包，骈萃成朵，宋天圣中献至京师，仁宗赐名太平花”，流传至今。故宫中御花园和乾隆花园所植的太平花应是献给清代皇帝的贡品，皇家花园自然是北京最早栽植太平花的地方。御花园绛雪轩门前琉璃花台上的太平花据传为明代遗物，因为故宫地处北方，冬冷夏热，进贡的花草在朝代更迭无人管理的时期能适应环境而存活下来极为少见，由于旭辉庭的特殊位置，有光照又利于排水，且四周封闭，冬日无寒风，因此太平花能够生长于此并保持了稳定的生长状态，实属不易。其花芳香、美丽，多朵聚集，花期较久，是优良的观赏花木。宜丛植于林缘、园路拐角和建筑物前，在古典园林中于假山石旁点缀，尤为得体。每逢夏日游览于此，清凉之余看见这点点白花就更觉花园古朴芬芳。

古华轩东侧湖石堆叠的山峦主峰上，有一座承露台（图3-34），四周白石雕栏环绕，承露台下山石间辟有门，洞东和洞北皆有石阶可到台上，乾隆皇帝沿袭汉武帝宫室建制，作承露台。台上曾放铜盘（目前北海公园存清代仙人承露盘），以承仙露。假山设有台阶可登上台阶远观一进院全景。

承露台假山一侧有筒瓦漏窗，既是假山，漏窗何用？其中玄机藏在承露台假山南侧：登山台阶西侧有一小门，开门进入便是山洞（图3-35），正前方设有佛龛，山洞墙壁刻有金刚经“观自在菩萨……”，山洞的顶部即为承露台地板，“有条石盖顶”作为假山支撑。侧面筒瓦即出风口，拜佛上香之时烟雾沿漏窗缥缈上升，从外远观，颇似仙山缥缈于云雾之间。

图 3-32　旭辉庭爬山廊

图 3-33　旭辉庭太平花

图 3-34　承露台假山

图 3-35　通往抑斋小院的山洞

在乾隆花园的东南角还有一座小院，隐藏在承露台假山之后，小院北部建筑名为抑斋，其东山墙紧贴养性殿西配殿，室内有门相通。抑斋建筑很有特色，开间只有一间半，既非奇数也非偶数，抑斋前后出廊，南门设在东部半间廊内，北门设在西部一间廊内，建筑左右不对称，前后也不对称，可谓因地制宜、布置灵活。抑斋之东有矩亭，清乾隆三十七年（1772 年）建。亭为方形，坐西朝东，四角攒尖绿剪边黄琉璃瓦宝顶。檐下饰以苏式彩画。亭内西面为游廊槛窗，上悬乾隆御笔“矩亭”匾，顶部是编织纹天花，为宫内仅有（图 3-36）。矩亭南、北、东三面接游廊，向南可通衍祺门，向北可达露台，向东可到抑斋。 游廊共 13 间，各间长度竟分 5 种，可见其灵活多变。抑斋小院的东南角有一假山，山上是一座四角攒尖小亭，名为撷芳亭（图 3-37）。它既是抑斋的对景，又是此院的点睛之笔。此院假山自西部假山连绵而来，因此从院落踏跺到墙角山石有连绵不绝之感，古人掇山多追求意境，以山石比喻云朵，园林空间中的假山若视为青云，坐落于假山之上的亭则可视为仙山楼阁。撷芳亭所在假山即是连绵飘动的云朵中最前面的一片，其假山的堆叠手法称之为“云头皴法”，于云头之上立一亭，名曰“撷芳亭”，清晰地表达了造园者的艺术追求：踏云，撷芳，高高在上不与左右为邻，大有孤芳自赏之感（图 3-38、图 3-39）。

图 3-36　抑斋格窗

图 3-37　抑斋与撷芳亭

图 3-38　撷芳亭俯瞰抑斋

图 3-39　假山洞口象形石

抑斋小院既是独立小院又与乾隆花园一进院形成平衡统一的关系，在空间布局上做到把角、占边。颇似方形图章的布局，忌讳方方正正，要在平衡中寻求变化。

抑斋北部有承露台假山，从假山到矩亭天井，有一条从回廊下穿过的排水道，在天井南侧又有一道水槽直通束根的土壤，下雨时承露台假山片区的排水汇聚于抑斋北部，流经回廊天井，在天井假山和土壤吸水饱和之后又向南流动，最终流进束根的土壤中，水直接下渗到植物根部，既保证了雨水流通的顺畅，又在没降雨灌溉的区域引水流过，最终渗入地面。抑斋院落虽小但是景致俱全，既有假山古树，又有亭台回廊，除此之外还有全院最精细的束根铺地，既是地面装饰也是解决树根裸露、地面排水的有效方法，做到了美观与功能的结合（图3-40）。

一进院部分区域采用较规则的安排，树木的位置、疏密、树种搭配，均力求融合景区与建筑物的特点。古华轩是乾隆花园中最有“江南山林风光”韵味的地方。树木大多种在两侧，掩映着叠石和高低错落的亭台，将铺着十字冰纹路的狭长庭院烘托得像青山中的幽谷。

乾隆花园一进院景区面积虽不大，却使人感到幽深莫测，除了山石布局的刻意多变外，树木的布置亦起重要作用。植物框景和障景的造景手法在此得到充分运用。如在院落的东西两侧种有高大乔木，枝叶交错，形成以古华轩为中心画面的框景。在院东南侧植柏，挡住宁寿宫中路的养性殿等房舍及花园的东南墙。东北角的柏树、竹子遮挡住了遂初堂的院墙，巧妙地将不耐寒的竹植于院墙或围廊的一角，与石笋搭配，二者均身姿秀美，也符合植物的生长习性，构成一幅竹石小景。植物的应用给人以想象的余地，感到后面尚隐藏着无限风光。

古华轩景区高低错落的建筑和高大茂密的树木增加了层次感、立体感，同时由于有曲廊的阻隔令人不知小院尚深几许。建园基地上原有的珍稀树木也被原地保留下来，使其成为园中的美景。轩堂阶前种树，通常是对称的，但因古华轩前有楸树，所以放弃了对称原则。景区西侧栽植的树木较疏，是因西侧已有叠山。禊赏亭及旭辉庭等高大建筑遮住了宫墙，起到了“屏俗”的作用。

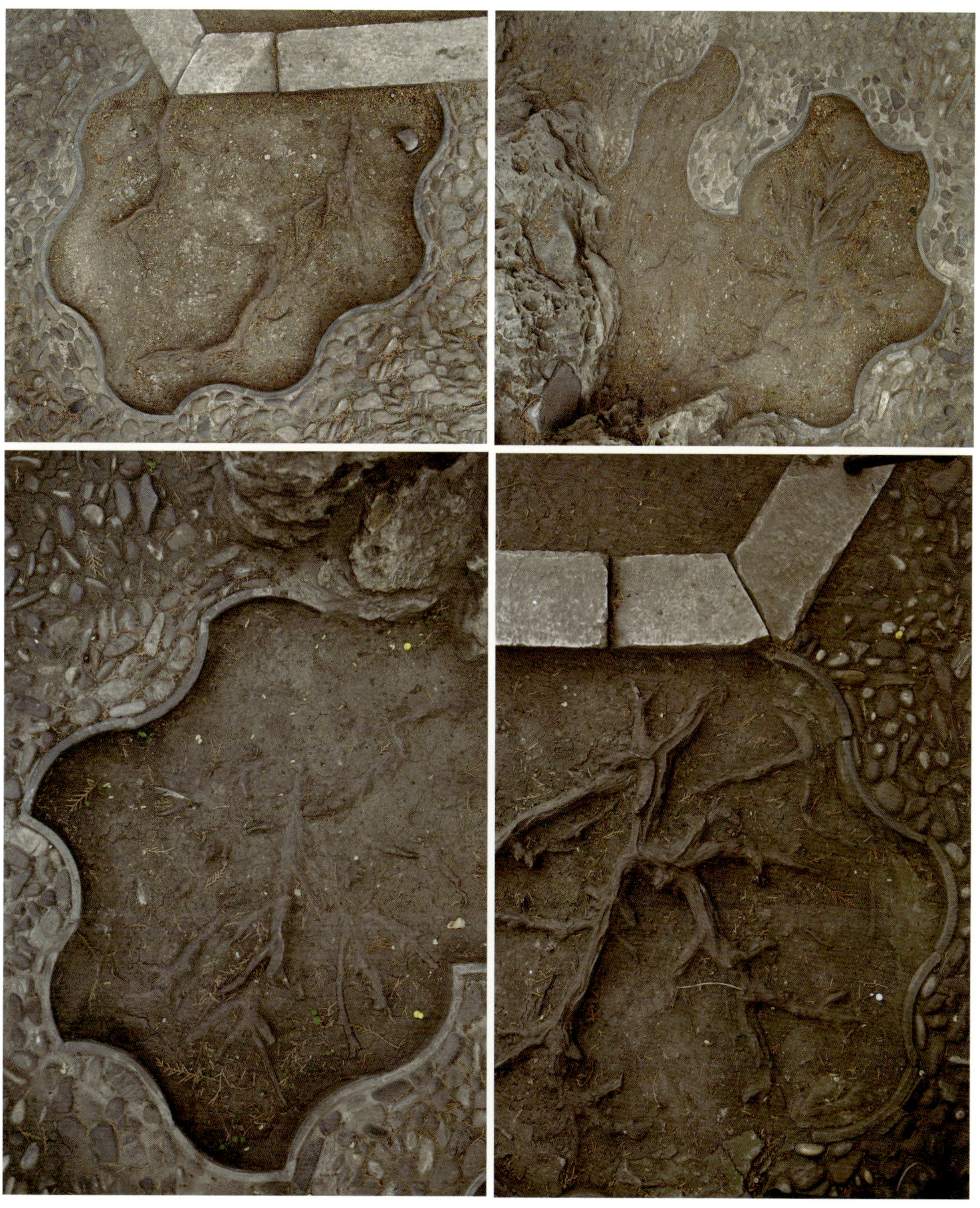

图 3-40　束根铺地做法

二进院空间布局

图 3-41　二进院三维效果图

古华轩北侧，是磨砖细砌的青砖墙面，墙面下是彩色石片镶贴的冰纹台基，不同于宫中墙面朱红粉饰的定式，给人以清新之感。墙面中间是一殿一卷的垂花门楼，垂花门内便是园中的第二进院落（图 3-41 ～图 3-45）。

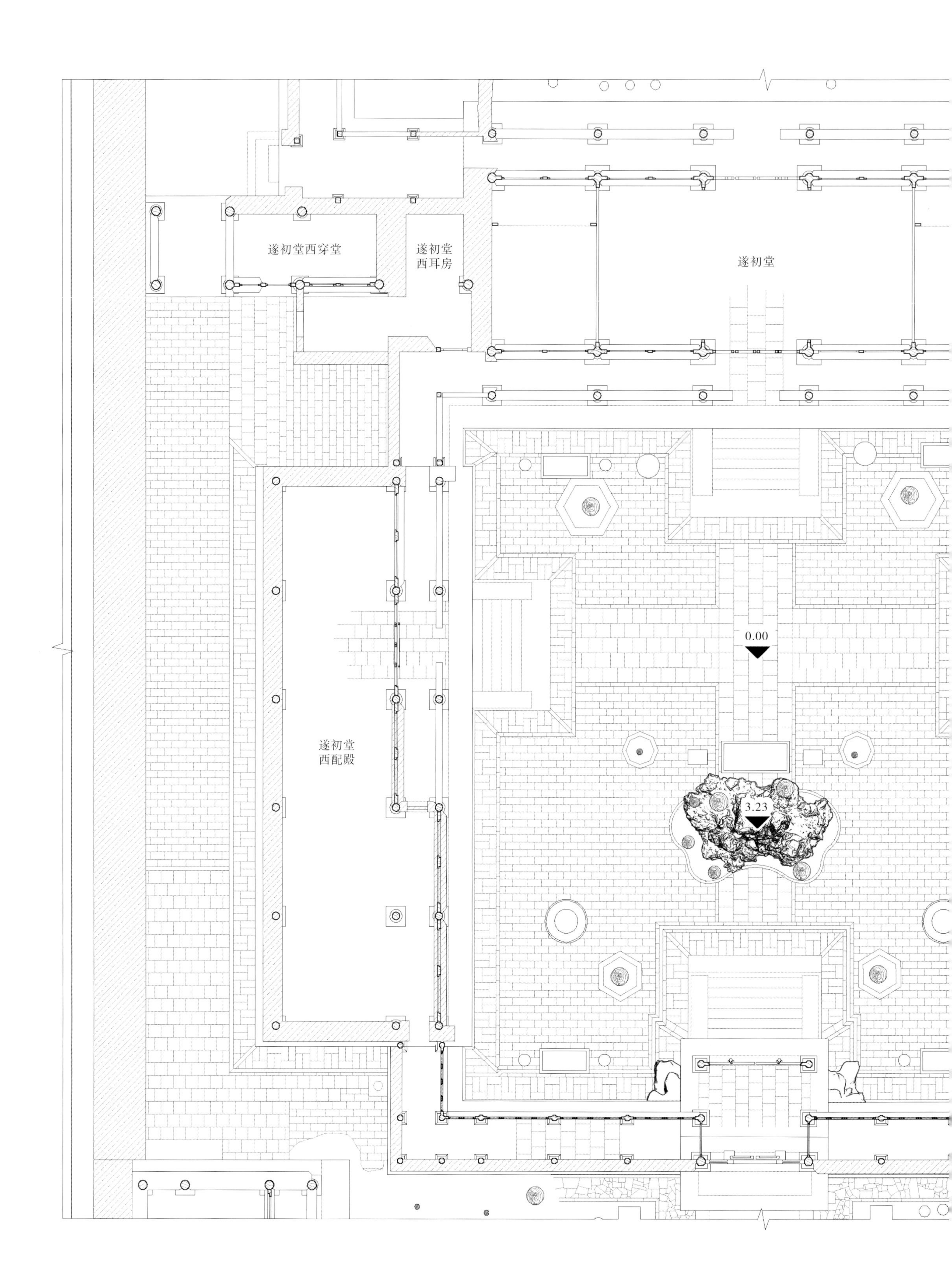
遂初堂西穿堂
遂初堂
西耳房
遂初堂
0.00
遂初堂
西配殿
3.23

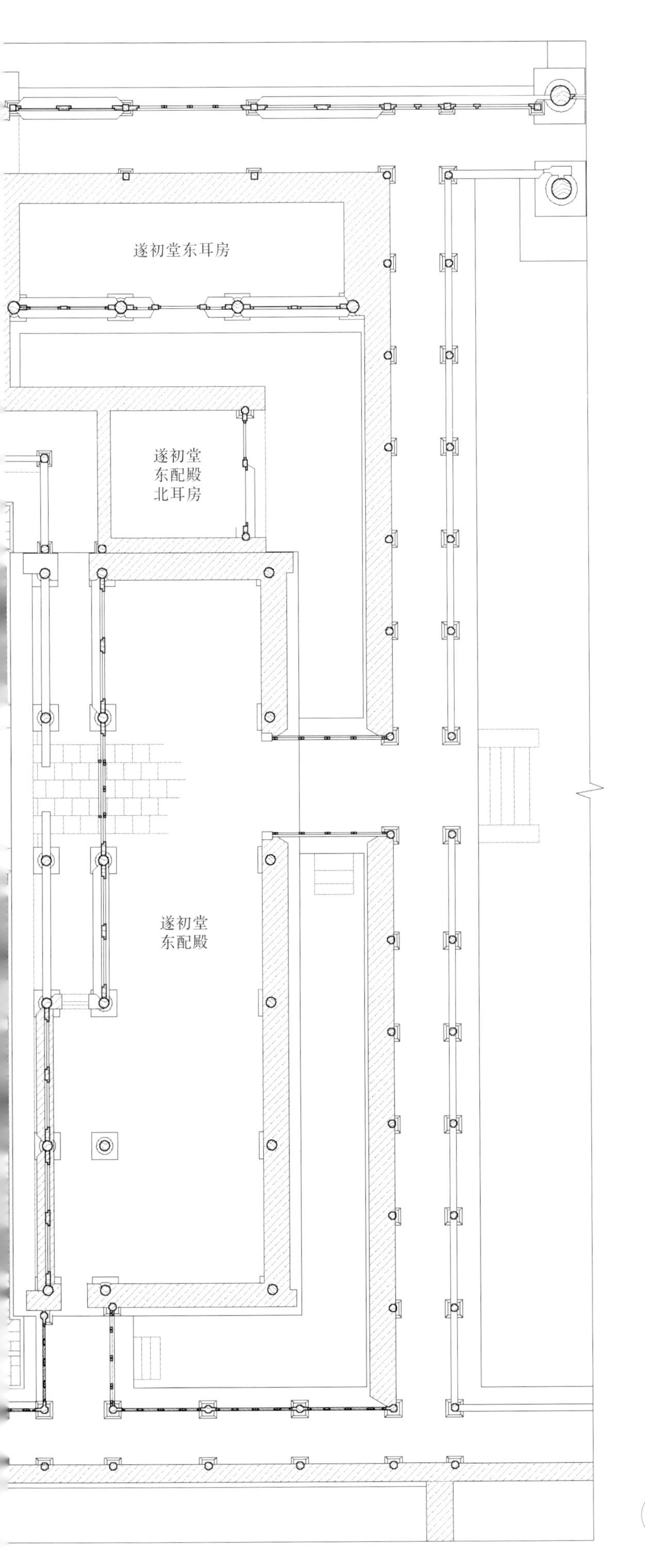

图 3-42　二进院平面图

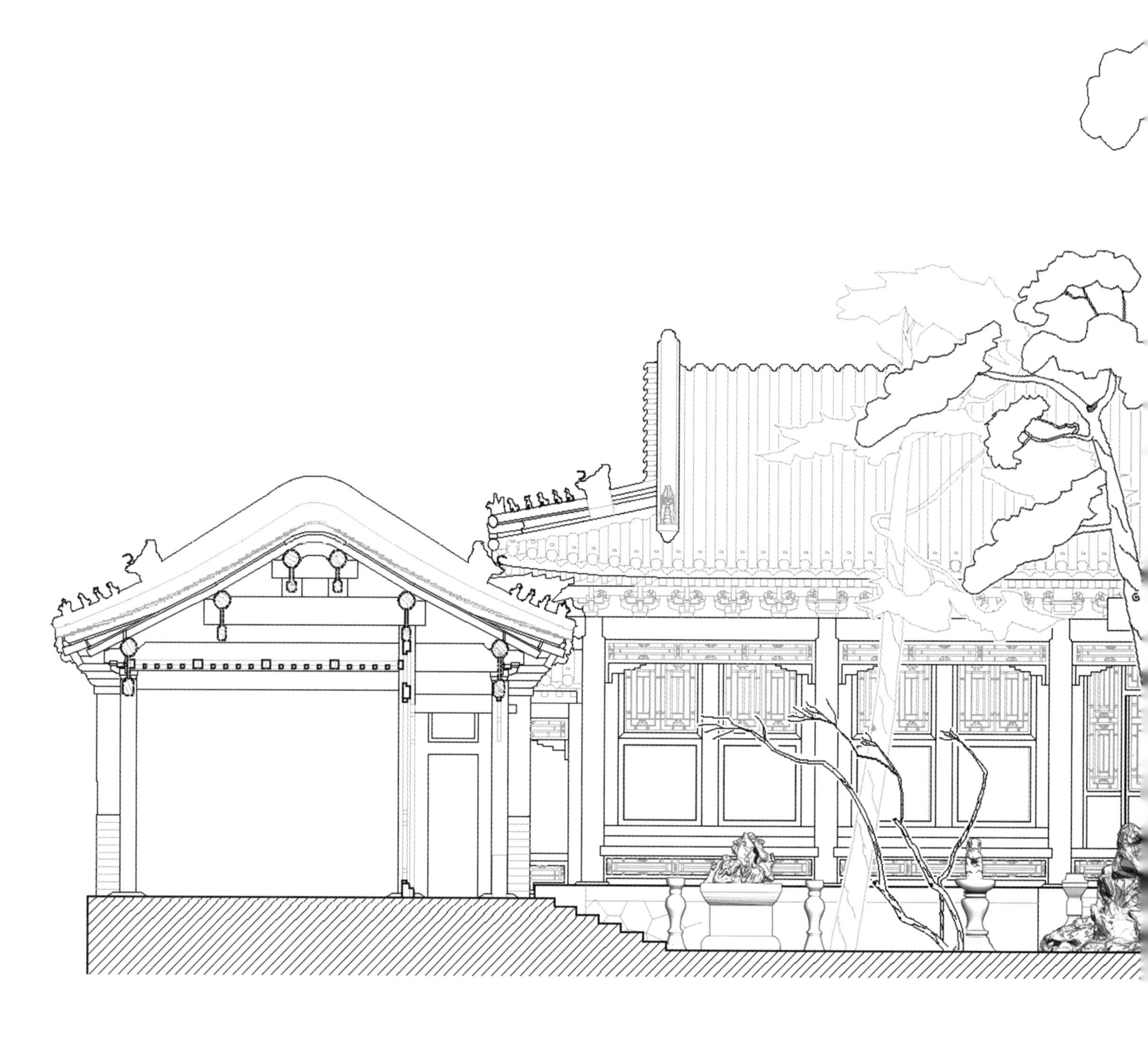

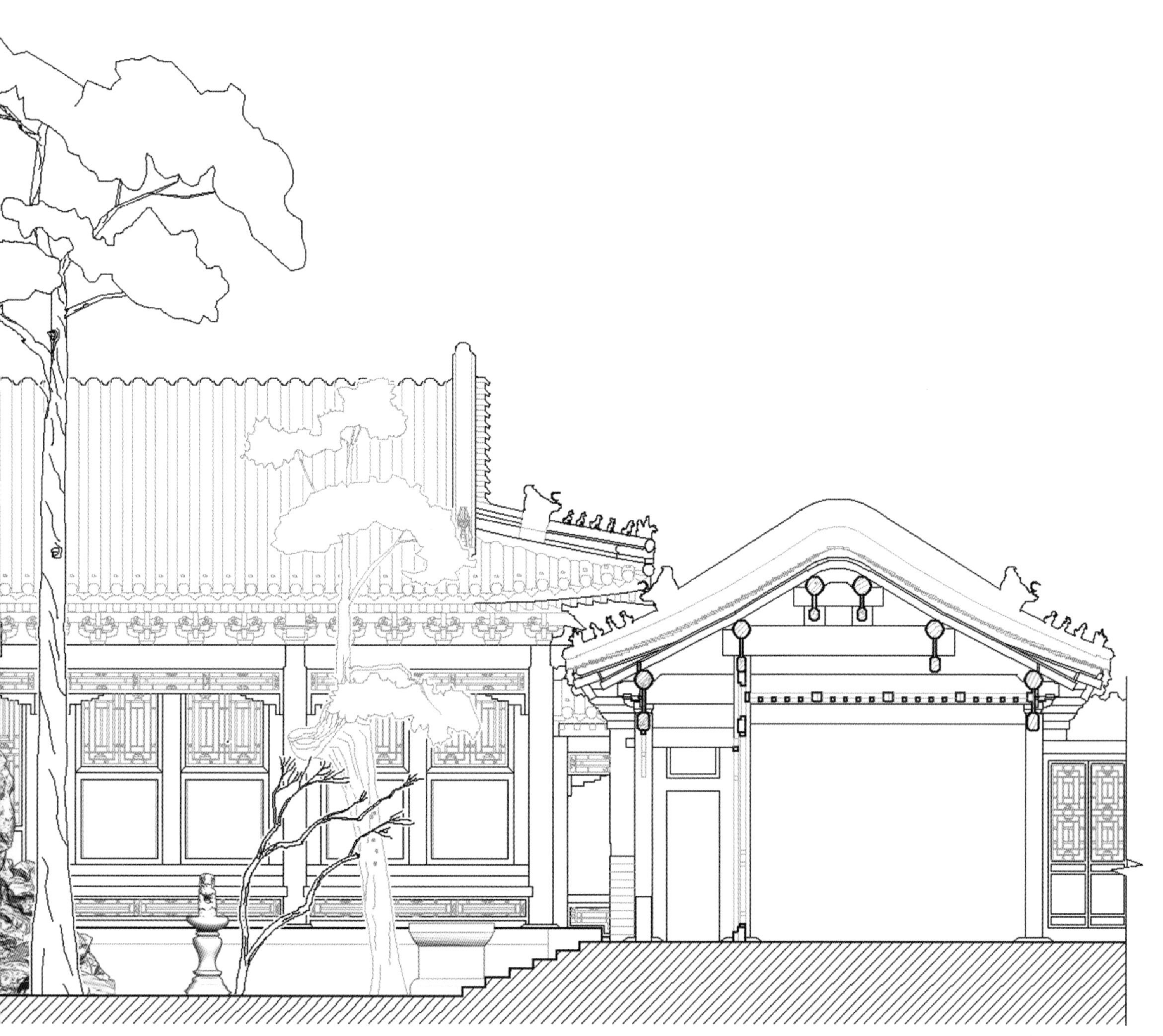

图 3-43 二进院南立面图

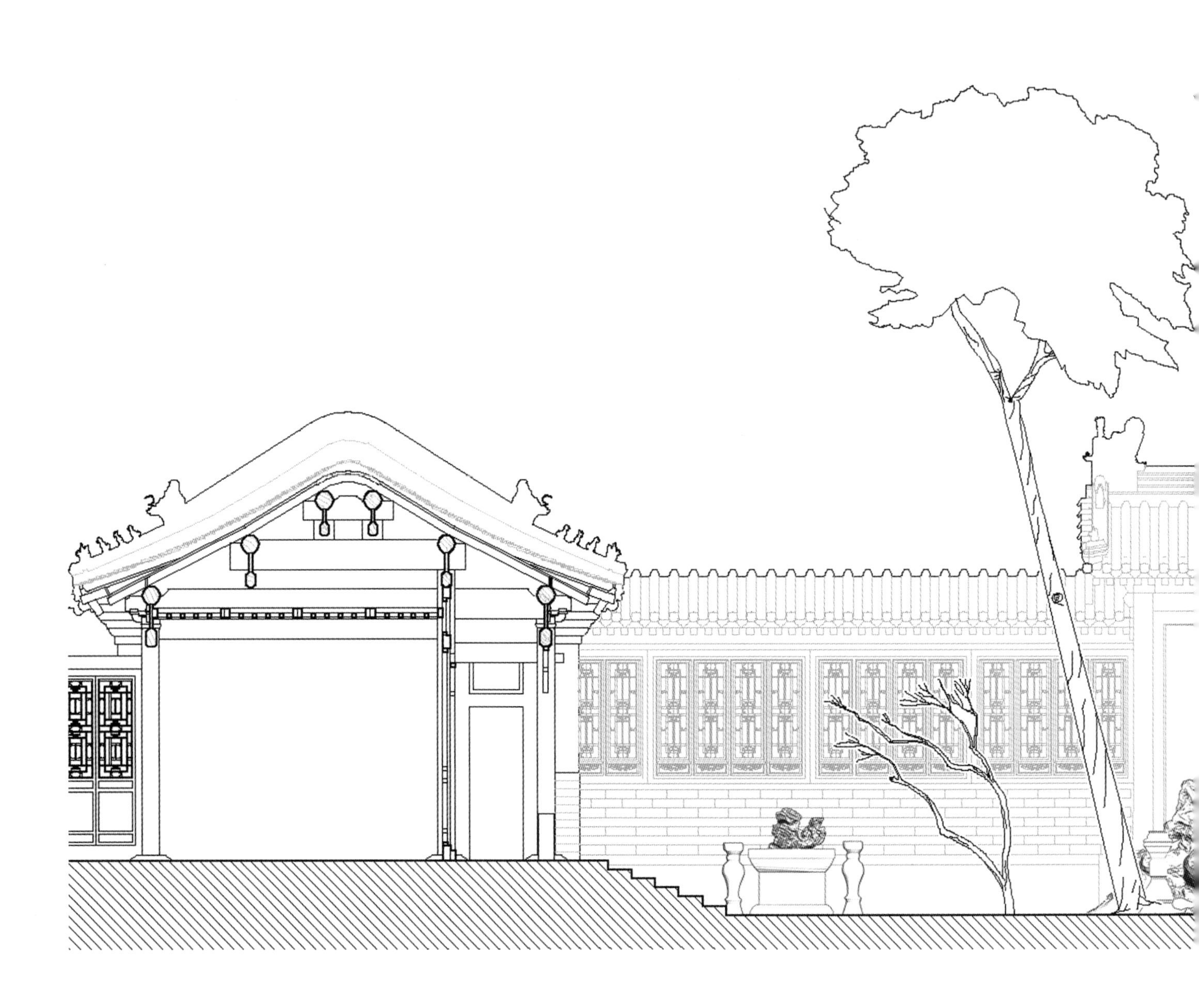

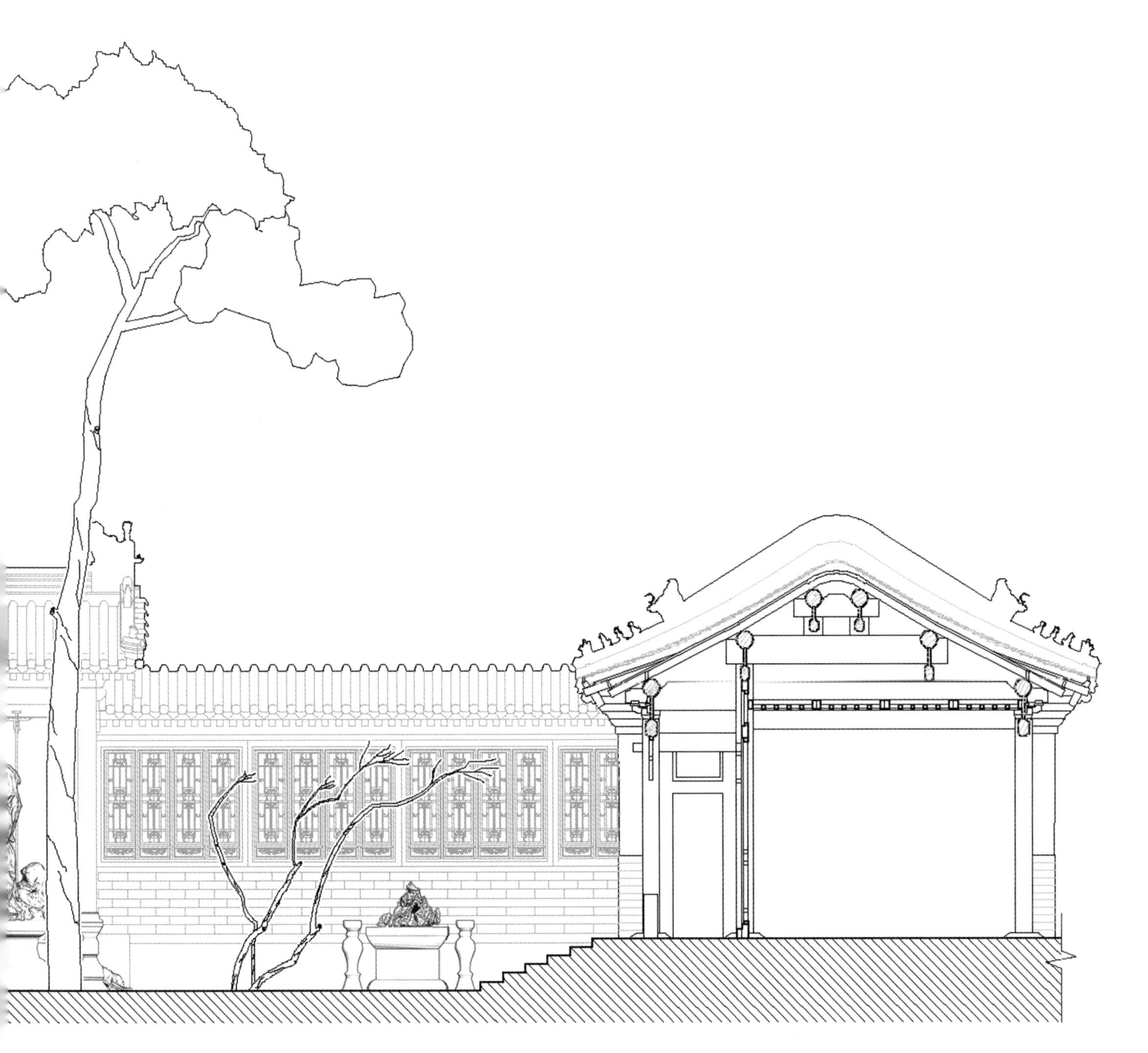

图 3-44　二进院北立面图

图 3-45　二进院垂花门

第二进院落是一座一正两厢的住宅式院落，院中散置湖石，主体建筑是一座坐北南向、五开间、进深三间带前后廊、卷棚歇山顶的正房，前廊下悬乾隆御笔“遂初堂”（图 3-46）。取乾隆皇帝归政后得遂初愿之意。遂初堂中间开门，余支摘窗。明间为过厅，穿厅而过可至乾隆花园的第三进院落。左右出转角游廊，与东西配房的前廊相通，东西配房各五间，北三间明廊，中间开门，南两间装修推出做成暗廊，配房南端出廊，与院墙垂花门的倒座游廊相接。外廊绘有苏式彩画，虎皮石墙基。廊房相间，构成了一个整洁的三合院。第二进院落空间开敞方正，端庄典雅，三合院布局流露出民居气氛的同时尽显帝王气息，是一座典型的北京府第住宅式院落。与第一进院落形成鲜明对比。院中湖石点景，花木三五，视野宽敞，气氛宁静。院子的南端叠了一组湖石，周围植有松柏，湖石之北陈设一块玉雕，无心之中把湖石推到背景的位置上，如此布局，雅致中渗透出华贵的宫廷气息。第二进院落中假山与植物相互关联，起到障景的作用，从垂花门外看，好似一座假山照壁。同时又以二进院假山的少而精对比三进院假山的高耸和复杂，起到承上启下的作用。遂初堂内悬联：“屏山镜水皆真綷，萝月松风合静观”，指出只要心中有景，便会满眼风光；只要心平气静，便会有看不尽的山水。堂内槅间匾额为：“养素陶情”，取自晋代嵇康《幽愤诗》：“志在守朴，养素全真”，明确了此进院内不事繁华的本意。堂内东室门联“墨斗砚山足遣逸，琪花瑶草底须妍”，也表明了院内少植花草的原因，在于主人意于“墨斗砚山”之间遣怀逐逸。

图 3-46　二进院遂初堂

乾隆花园二进院外实内虚，景物简淡幽静，只用极少的置石点缀（图 3-47），使全园气势一顿，有蓄势待发之感。在遂初堂院落中央有一件玉雕：用汉白玉底座托起的玉石，上面图案是“三阳开泰”（图 3-48）。羊原本是家畜，由于长期和人类生活，逐渐具有了象征意义，成为吉祥物。古时“羊”字与吉祥的“祥”字相通，“吉祥”两字常常写成“吉羊”。而“羊”字还和太阳的“阳”字相通，有吉祥语叫“三阳开泰”，用的就是太阳的“阳”字。“三阳开泰”出自《易经》，认为冬至是“一阳生”，十二月是“二阳生”，正月则是“三阳开泰”。“三阳”表示阴气渐去，阳气始生，冬去春来，万物复苏。“开泰”则表示吉祥亨通，有好运即将降临之意。人体的阳气升发也有类似的渐变过程，称其为人体健康的“三阳开泰”，即动则升阳、善能升阳、喜能升阳。 在院中放置“三阳开泰”玉雕也是对万象更新、国泰民安的美好期望。

图 3–47　二进院点缀湖石

图 3-48　遂初堂三阳开泰

二进院厅堂和院落的布局及装修都尽量仿效宅第，是典型的北京合院格局。树木的配植与全院风格一致，桧柏整齐对称地种在院子的四角，数株柏树围绕庭院中间的湖石，给人以清朗疏落的感觉。在这座以“养素陶情”为立意的朴拙无华的宅院里，植物既不宜多也不宜杂，更不需选用名贵品种。

遂初堂院落从建成之始至今已有两百多年，但是形式和格局从未变化过。现今藏于故宫博物院由清代宫廷画家绘制的《万邦来朝图》（图 3-49）中，就有描述乾隆花园的内容：画中展示了宁寿宫内举行的元旦朝贺庆典的场景，皇家侍卫身着华服、排列整齐，文武百官肃立静候待命。乾隆帝身着黑狐端罩朝服安闲地坐在遂初堂屋檐下（图 3-50），准备前往太和殿接见各国使臣；后宫人物众多，女眷们身着吉服三五成群，或闲聊，或看热闹，孩子们兴高采烈，或嬉戏，或放鞭炮；太监宫女们各司其位，或忙碌于元旦准备工作，或穿梭于庭院回廊；各国度、各民族朝

图 3–49 《万邦来朝图》

贺宾客穿着艳丽的服装，外貌气质各自不同，带着琳琅满目的贡品云集在太和门外，在左右两侧指定区域内等候乾隆皇帝的接见。队伍前面有一只经过精心装扮的高大威猛的大象显得神气十足，大象上坐着一人正与同伴交谈着什么……。画面将万邦来朝的宾客们巧妙地安排在画幅1/4处的右下角，延展出画外仍有众多宾客，场面宏大，十分热闹。

据专家考证，为了弘扬清朝政府的威德，展现“四夷宾服，万国来朝”的繁荣景象，在乾隆帝授意下，宫廷画家们先后创作了多幅（元旦和万寿节）向大清王国朝贺、歌功颂德的绘画，作品之间只是在细节上略微有所不同。通过乾隆时期的画作看到至今仍然保存完整的乾隆花园，再次佐证了乾隆花园保存的完整和价值。

图3-50 《万邦来朝图》中的遂初堂

三进院空间布局

穿过遂初堂后为第三进院落，此院以大型的叠石掇山为主（图 3-51 ～图 3-61），庭院入口即遂初堂北部有两面五色石墙面与假山相连，将三进院入口处形成一个视觉上的封闭空间，两扇墙面均为弧形，有宝瓶形状门洞，门洞由三块整条石组成，上刻乾隆御笔，东墙曰“夹挹”，西墙曰“承辉”（图 3-62、图 3-63）。两面墙把假山和遂初堂北部分割为一个小空间，假山入口就在小空间当中，起到了空间分割和建筑与假山过渡的作用。庭院中央峰峦迭起，中有山谷相连，蜿蜒曲折，洞谷相通，环山布置建筑，山洞与厅堂四面相通，在幽深旷邈中略有拥塞之感。主峰上建有一座方亭，居高临下，挺拔秀丽，称耸秀亭（图 3-64 ～图 3-69）。耸秀亭是第三进院的最高处，站在耸秀亭可以俯瞰全院假山，耸秀亭另一特色之处是铺地，采用金黄色花斑石铺地，在铺设平整后打磨施蜡，石材本身颜色呈现金黄色，在阳光照耀下熠熠生辉。花斑石铺地在故宫比较少见，金黄色花斑石铺地更是少之又少，由于石材产量小，且色泽差异较大，往往一个矿带只能产花斑石铺地砖十几块。在整个宁寿宫可见的金黄色花斑石铺地仅有耸秀亭和承露台两处。

图 3–51　三进院三维效果图

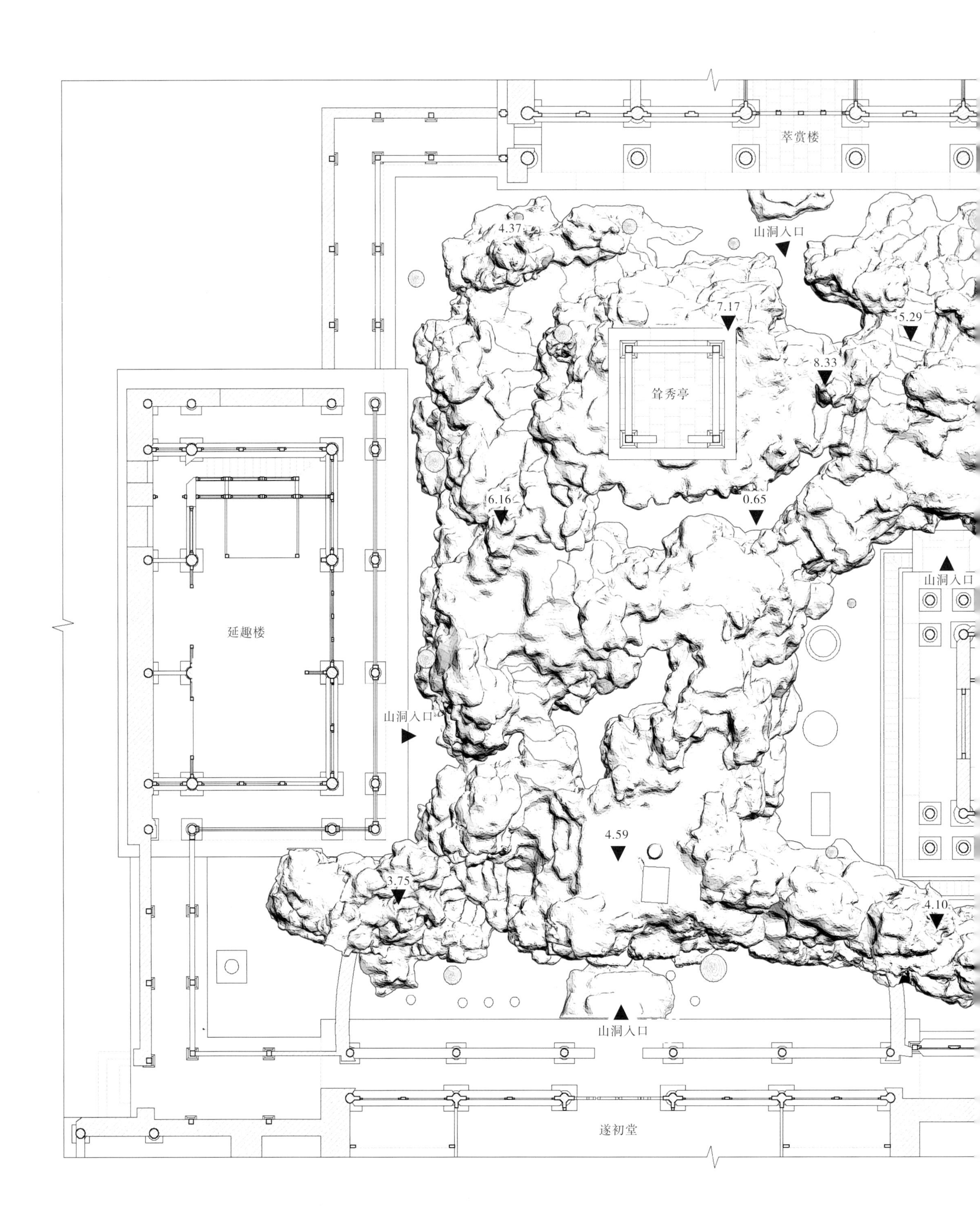
萃赏楼
山洞入口
4.37
7.17
5.29
8.33
耸秀亭
延趣楼
6.16
0.65
山洞入口
山洞入口
4.59
3.75
4.10
山洞入口
遂初堂

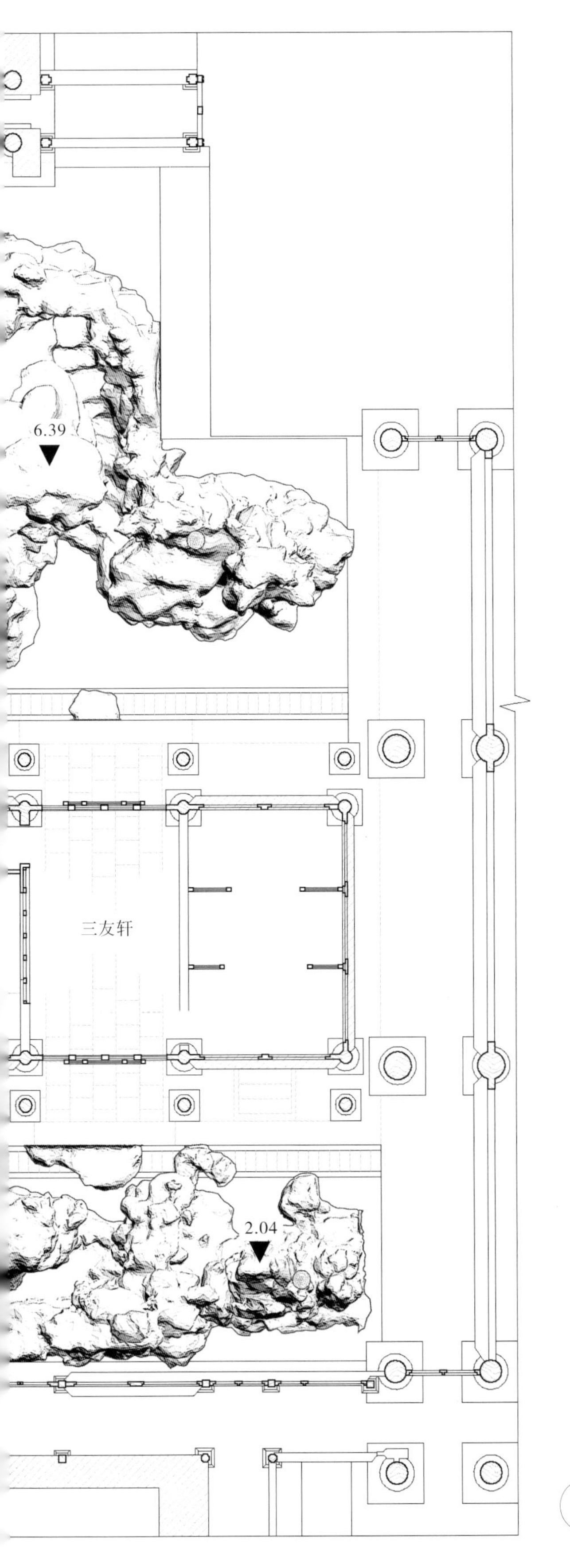

图 3-52 三进院平面图

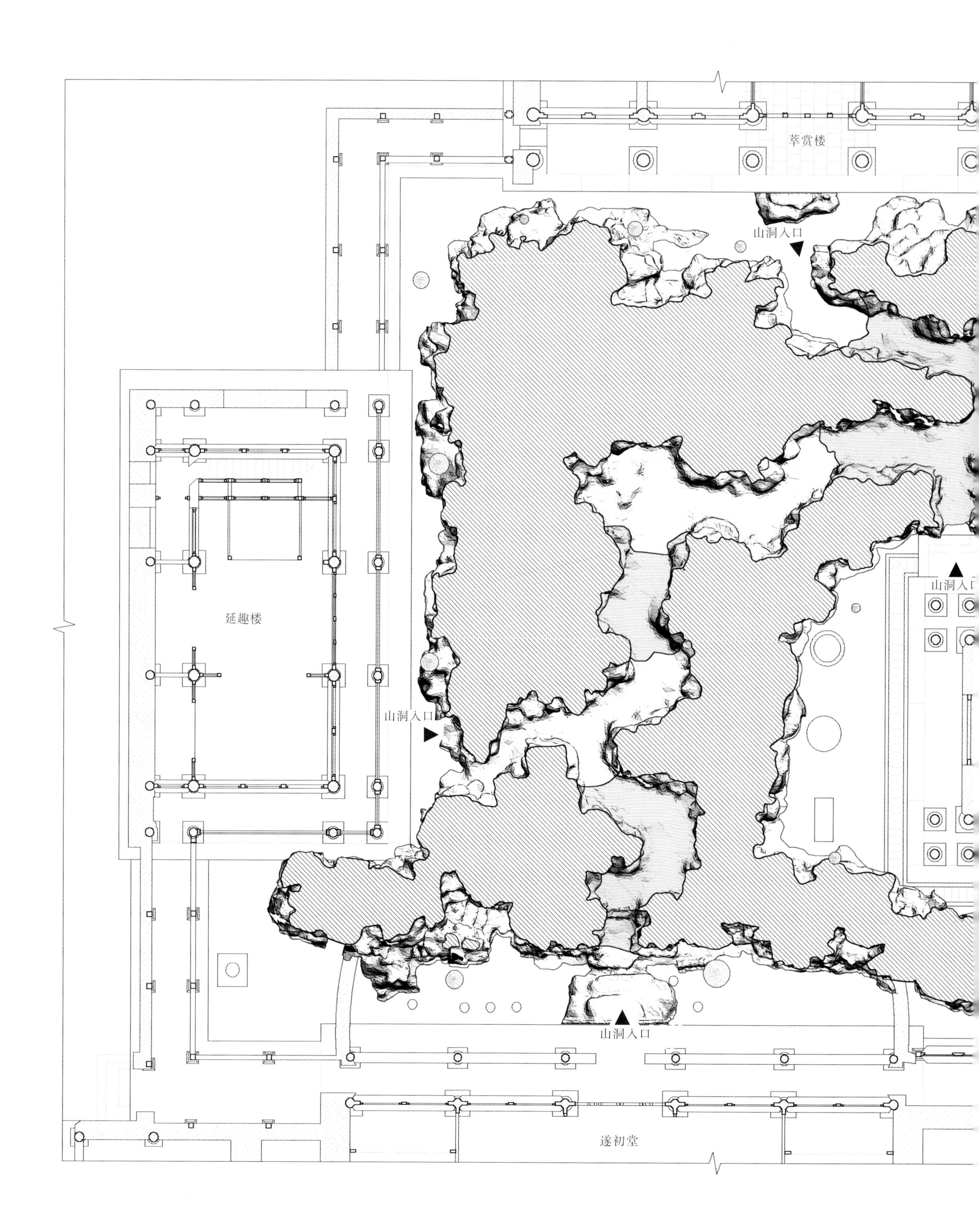
萃赏楼
山洞入口
山洞入口
延趣楼
山洞入口
山洞入口
遂初堂

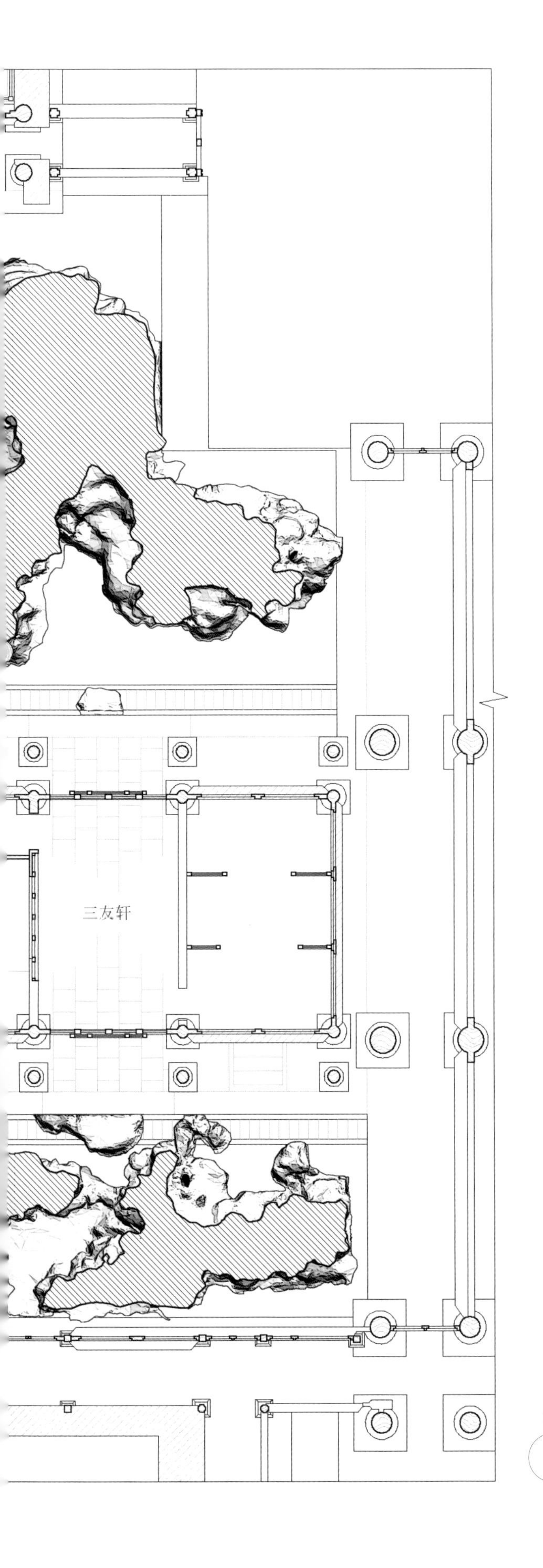

图 3-53　三进院距地坪 0.5m 剖面图

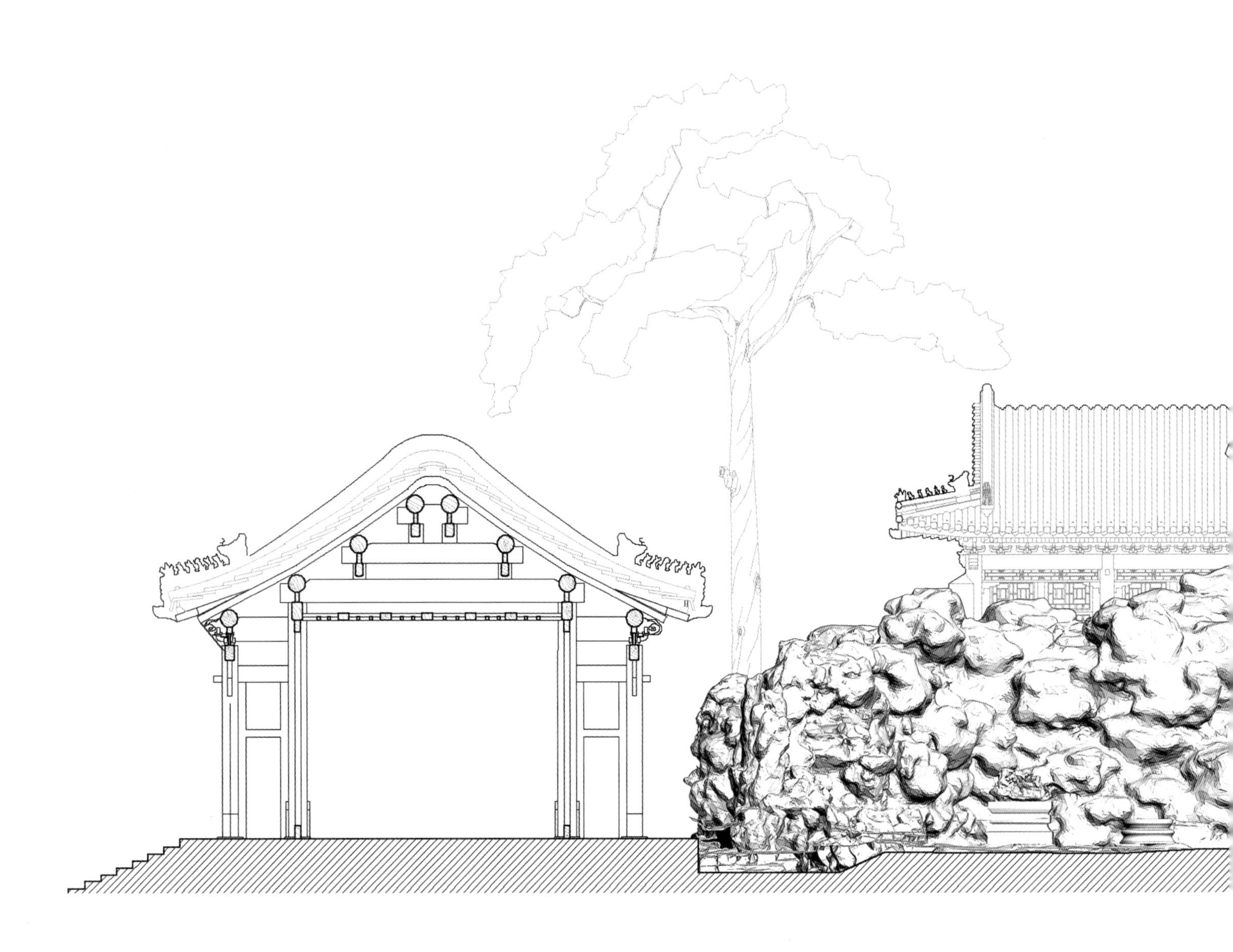

图 3-54　三进院东立面图

图 3-55　三进院西立面图

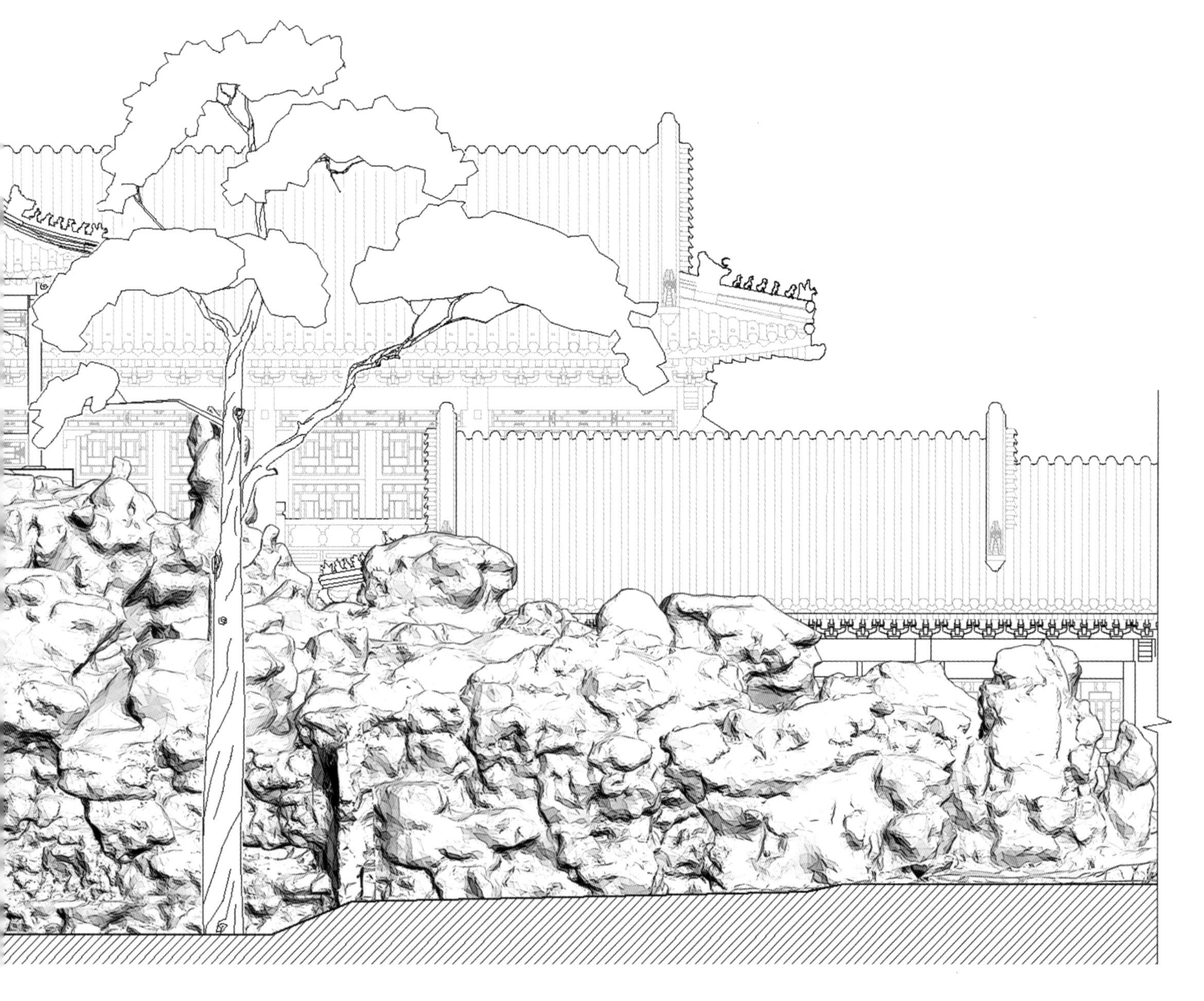

图 3–56　三进院南立面图

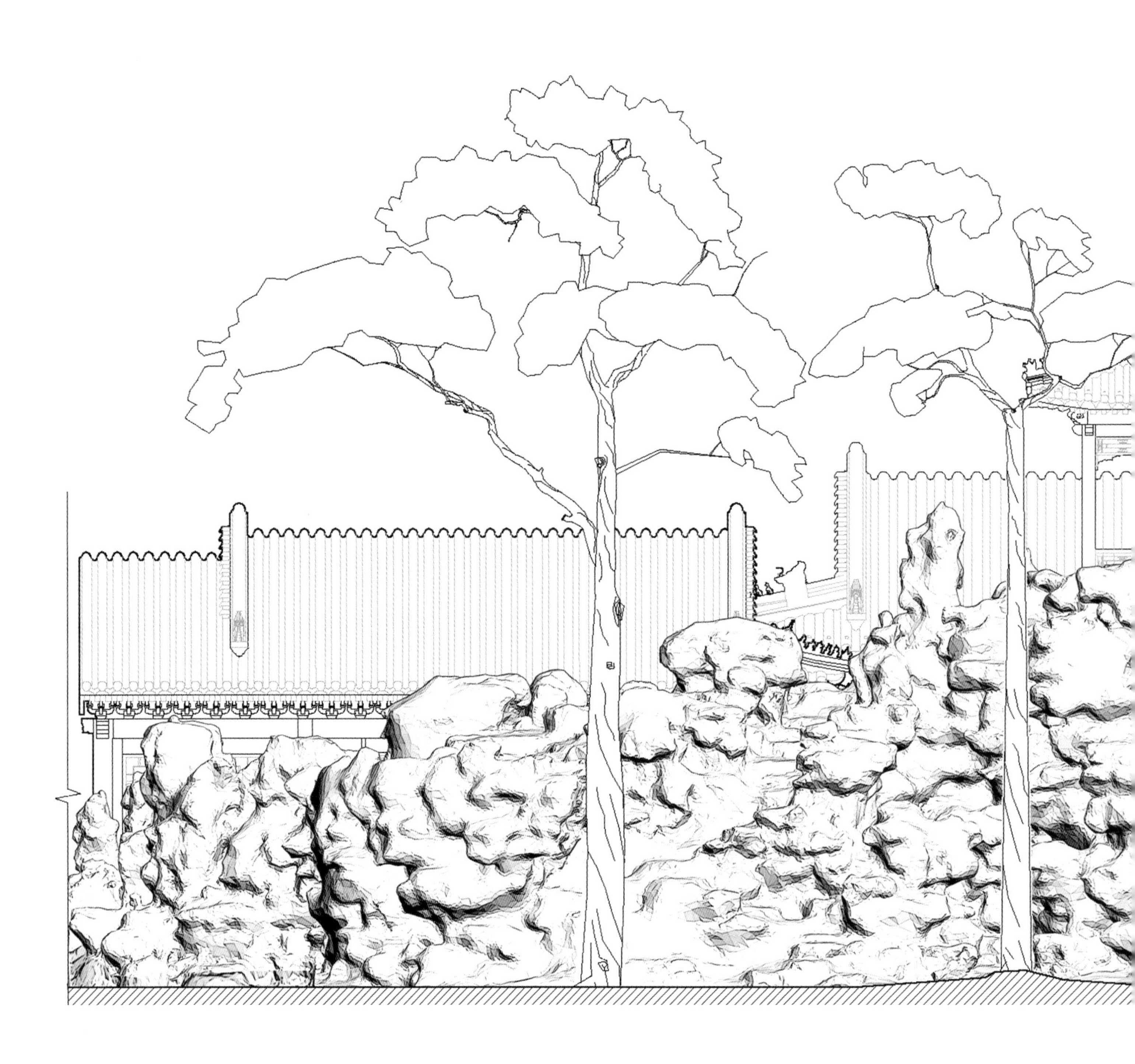

图 3–57　三进院北立面图

图 3-58　三进院剖面图（1）

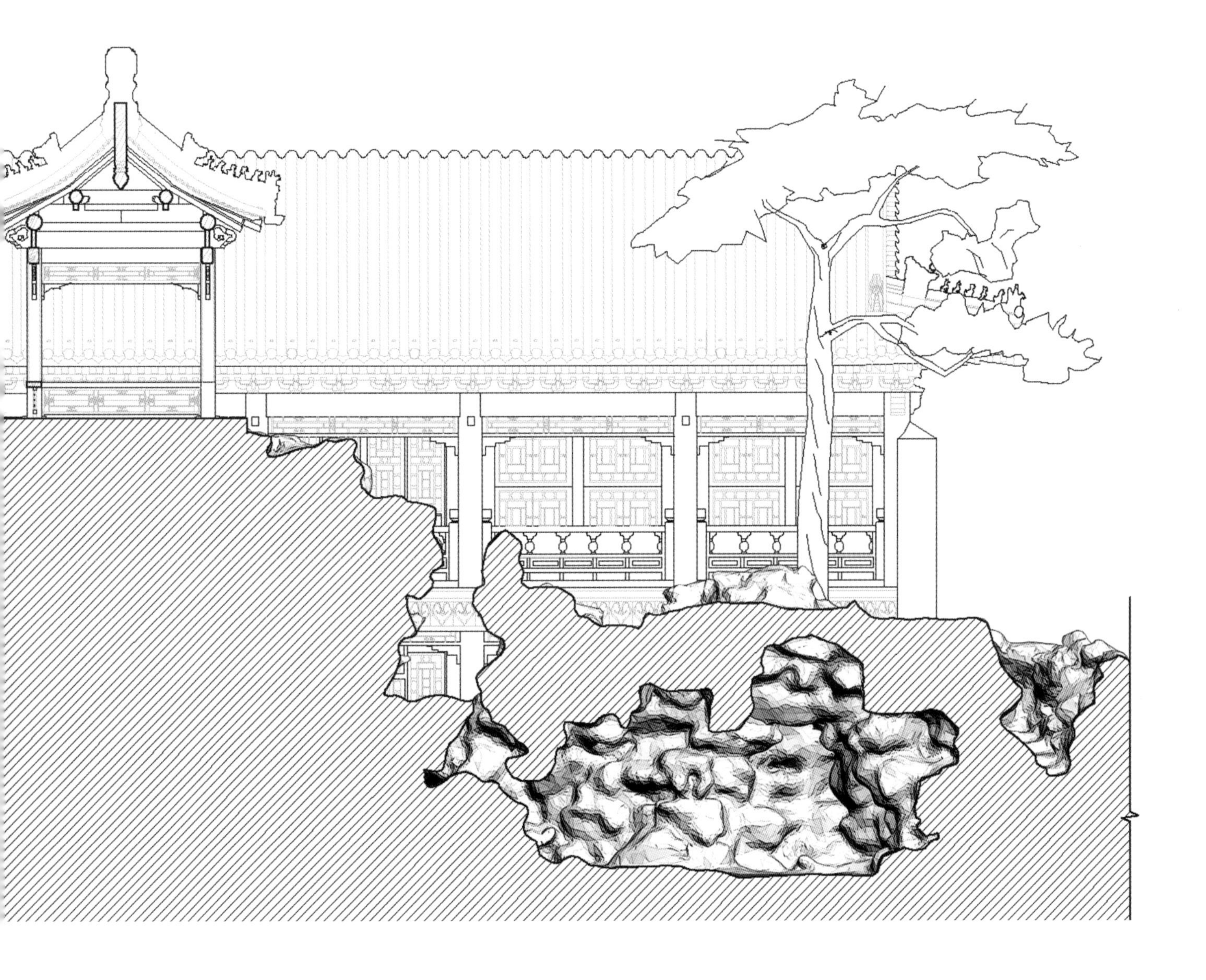

图 3–59　三进院剖面图（2）

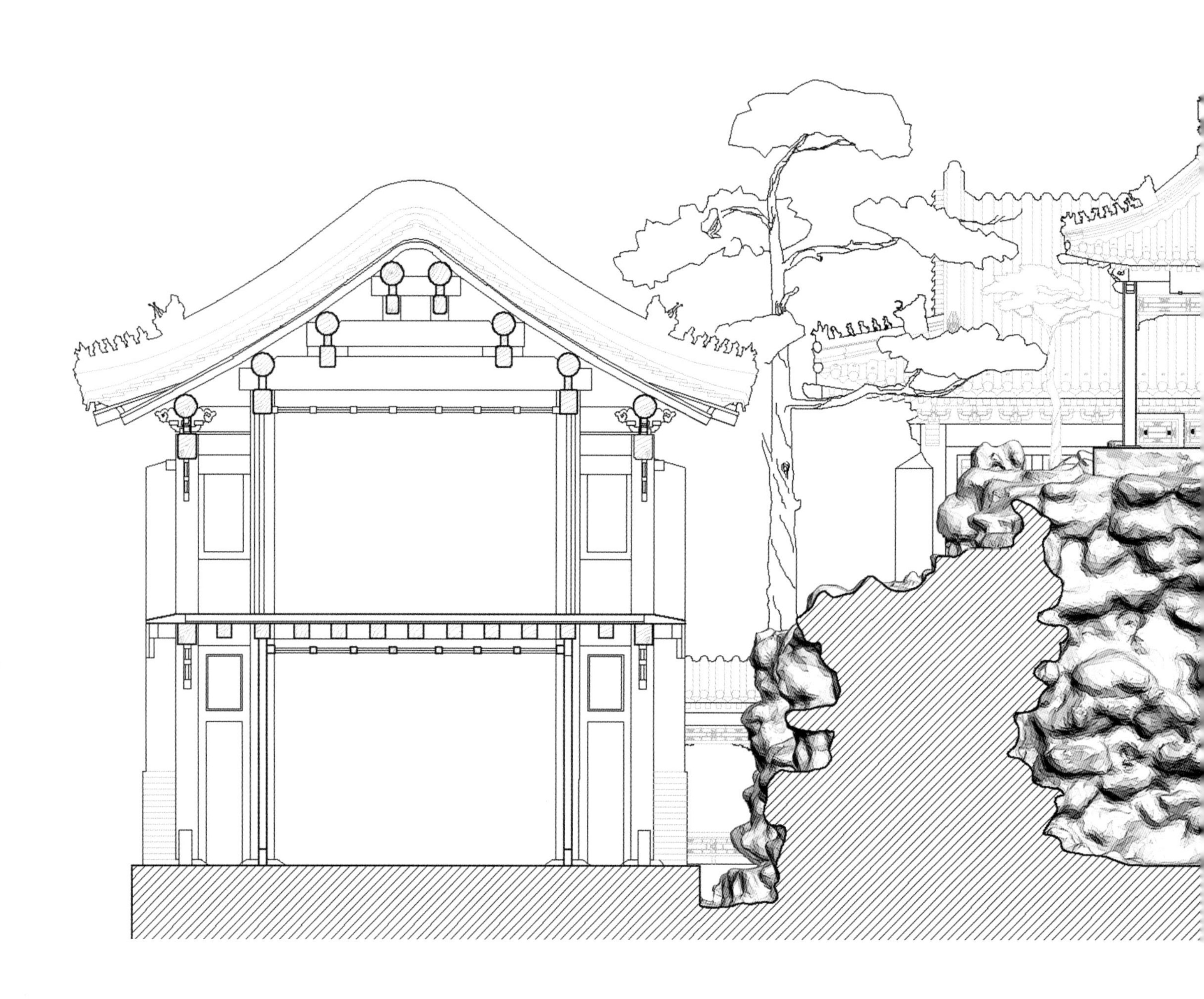

图 3–60 三进院剖面图（3）

图 3–61　三进院假山石剖面图

图 3-62　三进院“夹挹”花斑石隔墙

图 3-63　三进院“承辉”花斑石隔墙

图 3-64　耸秀亭

图 3-65　耸秀亭仰视

图 3-66　耸秀亭雪景正立面

图 3-67　耸秀亭雪景侧立面

图 3-68　耸秀亭俯看三进院

图 3-69　耸秀亭老照片对比

耸秀亭假山以北是一座卷棚歇山顶的两层楼，五开间，名为萃赏楼，遂初堂后廊有三条路线可达萃赏楼。萃赏楼西侧有五间配楼名曰延趣楼，萃赏楼、延趣楼和遂初堂之间，有连廊相接，联络方便。东面有高大的山墙，为乐寿堂西山墙（图 3-70），东南角有三友轩，窗饰岁寒三友松、竹、梅图案。如果说古华轩院落的假山注重环境的创造和气氛的渲染，那么第三进院的叠山则更加注重造型的推敲，前者山脉横卧，后者山峦独秀（图 3-71、图 3-72）。《园冶》云："楼面掇山，宜最高，才入妙，高者恐逼于前，不若远之，更有寓意。"但是限于底盘的深远是不可能的，于是院内大假山山顶的耸秀亭，成为楼的对景，也扩大了空间感（图 3-73）。

三进院假山即遂初堂后院的叠山较为特殊，古人曰："叠山重顽拙"，在遂初堂后院"顽拙"之妙极易品味。建造者的意图是要在堂后建一座巨山，因此在山周围建楼，以楼的高度来衬托假山的巨大。楼与山贴得越近，山在院中"填充"得越满就越成功（图 3-74）。

叠山多采用峭壁叠法，萃赏楼、延趣楼正是这样建造的。以萃赏楼前假山为代表，陡直的峭壁，高耸挺拔，所用石材大小相同，叠砌凹凸错落，模仿自然山峰峭壁，高超的叠山手法于咫尺间营造出无穷变化。萃赏楼与假山之间仅相隔 1m 左右，以近距离的仰望视角营造出假山高耸巍峨的感觉。假山西侧的延趣楼东部的假山以山洞和山涧组成，由于空间极促狭且两侧均是高大建筑，若四面做山形，必无任何延展回旋余地。此院做法却因势利导，压缩西、北两面，使掇山最高处紧临西北高大的萃赏楼和延趣楼，而放开东南一角，做成连绵余脉甚至散点。楼与山比高，密处愈密，疏处更疏，反而形成强烈的节奏对比，山体形态和层次也愈见丰富（图 3-75 ～图 3-78）。

图 3–70　乐寿堂山墙

图 3-71 三进院假山（1）

图 3-72　三进院假山（2）

图 3-73　萃赏楼前假山以近求高

图3-74 假山布满院内空间

图 3-76 延趣楼与假山

图 3-75 萃赏楼与耸秀亭

图 3-77 萃赏楼前假山

图 3–78　延趣楼下假山

在山腹之处，以一道幽谷伸入大山之中，使拥塞的山腹得虚实相间之势，取“山拥而虚其腹”的传统手法。人行山道上下，只觉峰峦、沟谷的变化应接不暇，却毫无拥堵之感。假山以东的乐寿堂不易逼近，建三友轩，使得空间得以过渡，三友轩也因此而处于山坳之中，是山石环抱之间的一座坐北朝南的建筑，此建筑形式在紫禁城中绝无仅有（图 3-79 ～图 3-83）。东部在乐寿堂屋檐之下，因地制宜做出东边悬山西边歇山的形式，三面有回廊，西部开大方窗，紫檀透雕的窗格以松竹梅图案为主，寓意为“岁寒三友”，并在窗前庭院内配以象征春天的石笋（图 3-84）。窗外正对一株丁香，花开时节透过窗格看到假山，丁香花香随风飘来，园林之美跃然眼前（图 3-85 ～图 3-88）。

图 3-79　三友轩假山接口

图 3-80　三友轩西窗外假山空间

图 3-81　三友轩后假山

图 3-82　三友轩前假山

图 3-83　假山俯瞰三友轩

图 3-84　三友轩前石笋

图 3-85　三友轩窗前丁香（1）

图 3-86 三友轩窗前丁香（2）

图 3-87　三友轩窗前丁香（3）

图 3-88 雪后三友轩与丁香

三进院掇山是整个乾隆花园中最大的一处叠山，与二进院形成鲜明对比，此院风格大变，掇山叠起，石洞幽深，亭台耸秀，满目悬崖陡壁，人入其中如临深山大壑（图 3-89、图 3-90）。掇山布局取密不透风之势，整体结构以丰富的形式和多变的空间意象为特征。西、北两面尽做石壁森然耸峙，与延趣、萃赏二楼比肩，掇山东南则退缩至一角，形成山坳以拱卫“三友轩”。由掇山涧谷、山道折入，颇具曲径通幽之感，加之古树参天，张盖如幕，极尽亏蔽掩映之能事，有效地屏蔽了东区的乐寿堂等高大建筑。掇山西北隅为全局高潮，岩崖森耸，“仰视不能穷其巅末”，山顶更置耸秀亭，为全园轴线之转折点。

图 3-89　沟壑

全院布局处处皆密实，上台下洞（图 3-91），形成双层立体的院落空间。三进院假山形成了一个上下分层、错综复杂的假山游览路线，在路线之中既有崎岖的蹬道汀步（图 3-92 ～图 3-95），亦有宽敞的平路。在延趣楼前更有一条石飞梁跨假山山洞之间，形成石飞桥的景观（图 3-96）。游人从假山下层游览路线走过时，抬头仰望可看到一线天之间横跨一块条石，犹如神来之笔。院内空间虽稍显封闭拥塞，但在掇山之中却暗藏玄机，院内交通通过掇山之上的蹬道及山内隧洞进行组织。山洞内有厅，两小一大，大厅面积达 $6m^2$，且有采光窗洞（图 3-97 ～图 3-99）。整座大掇山犹如一座迷宫，穿行其中，令人有“不识庐山真面目，只缘身在此山中”之感。

图 3-90　耸秀亭前假山如临深渊

图 3-91　三进院假山山洞

图 3-92　三进院假山蹬道

图 3-93　三进院假山台阶

图 3–94　三进院假山楼梯及石栏杆

图3–95 萃赏楼前假山蹬道

图 3-96 飞梁

图 3-97　三友轩前山洞

图 3-98　三进院假山山洞（全景相机拍摄）

图 3-99 三友轩假山

图 3-100　三进院假山条石盖顶

图 3-101　假山桧柏相伴而生

三进院假山在乾隆花园最具代表性，在一个地势平坦，既无借景又无水景的环境里，只能以大量叠山的山景为主，园中高山多用峭壁叠法，在峭壁上端往往挑出巨石，做成悬崖之势，耸秀亭檐下的悬崖即有挑出数尺的惊险之景，悬崖边立有石柱护栏，近栏俯视，如临深渊（图 3-100）。但是站在三进院假山之上环顾周边，又不觉假山之高耸险峻，因有北侧萃赏楼与西侧延趣楼两座双层楼相衬托。

三进院景区内庞大的叠石峰峦和周围精美的亭台楼阁占满全部空间，树木种在山石与建筑之间的空隙里，起到衬托作用。在峰峦北边的松柏，树形苍劲奇古，增强了山石森严险峻的感觉，而峰峦东侧的桧柏也给环境增色不少（图 3-101）。尽管整个三进院景区以山石和建筑为主题，但是从峰顶的耸秀亭俯视，这几株乔木为景色的营造起了不小的作用，是植物造景中以少胜多的一个实例。根据三进院的树木布局，可以发现树木在“屏俗”方面起到的作用。山石庭院

尤其离不开植物的陪衬，凡精美之掇山，必有精美的植物陪衬，尤其在乾隆花园这样的方寸之间见出性情的庭院中更无例外（图 3-102 ～图 3-105）。三进院（萃赏楼）四株古柏皆取遒劲苍古之美，尽掩映屏俗之妙，既为小院增添古韵生意，又将一进院掇山的壅塞予以疏解，柔化了石庭之刚。加之建筑装修图案的烘托（如三友轩窗棂、隔扇、圆光罩上面，都有精美的松竹梅透雕、浮雕或绘画）将“径缘三益”、“心远地偏”的圣修慎独的心境和意境表达得淋漓尽致。1923 年烧毁的西花园内的三友轩（凝晖堂）“窗外亦植松竹梅三种植物”[见乾隆三十三年（1768 年）《三友轩》诗]，乾隆花园里面的三友轩窗外是否也种植过这三种植物，现今已经无法考证。从乾隆花园的树木配植平面图上能看到，花园西侧凡是没有建筑物的地方或是在建筑物之间的间隙都种有乔木，起到在视线上遮挡高大西宫墙的作用。

图 3-102　山石修竹相呼应

图 3-103　延趣楼南部竹林

图 3-104　三进院植物陪衬假山

图 3-105　遂初堂后修竹

四进院空间布局

第四进院落从建筑布局到形制都更忠实于建福宫花园（图3-106～图3-114）。

华丽端庄的符望阁巍然屹立于院落正中。符望阁为重檐方殿，仿建福宫花园延春阁而建，是整个乾隆花园中体量最大的一座建筑。阁内檐装修分割空间之手法极尽巧妙，又被称为“迷楼”（图3-115～图3-117）。符望阁前层峦叠嶂（图3-118、图3-119），峰峦上建有碧螺亭，其平面作梅花状，装饰也采用梅花图案，极为美观别致（图3-120～图3-126）。

碧螺亭东、西侧均有小径可通地面。东侧山径与颐和轩的如亭形成对景。西侧山径设计更佳，小路沿山脊而修，上下起伏，富有趣味。假山有两座石桥，碧螺亭南侧的一座连接萃赏楼，假山西侧的一座连接云光楼（图3-127～图3-129）。

图3-106　四进院三维效果图

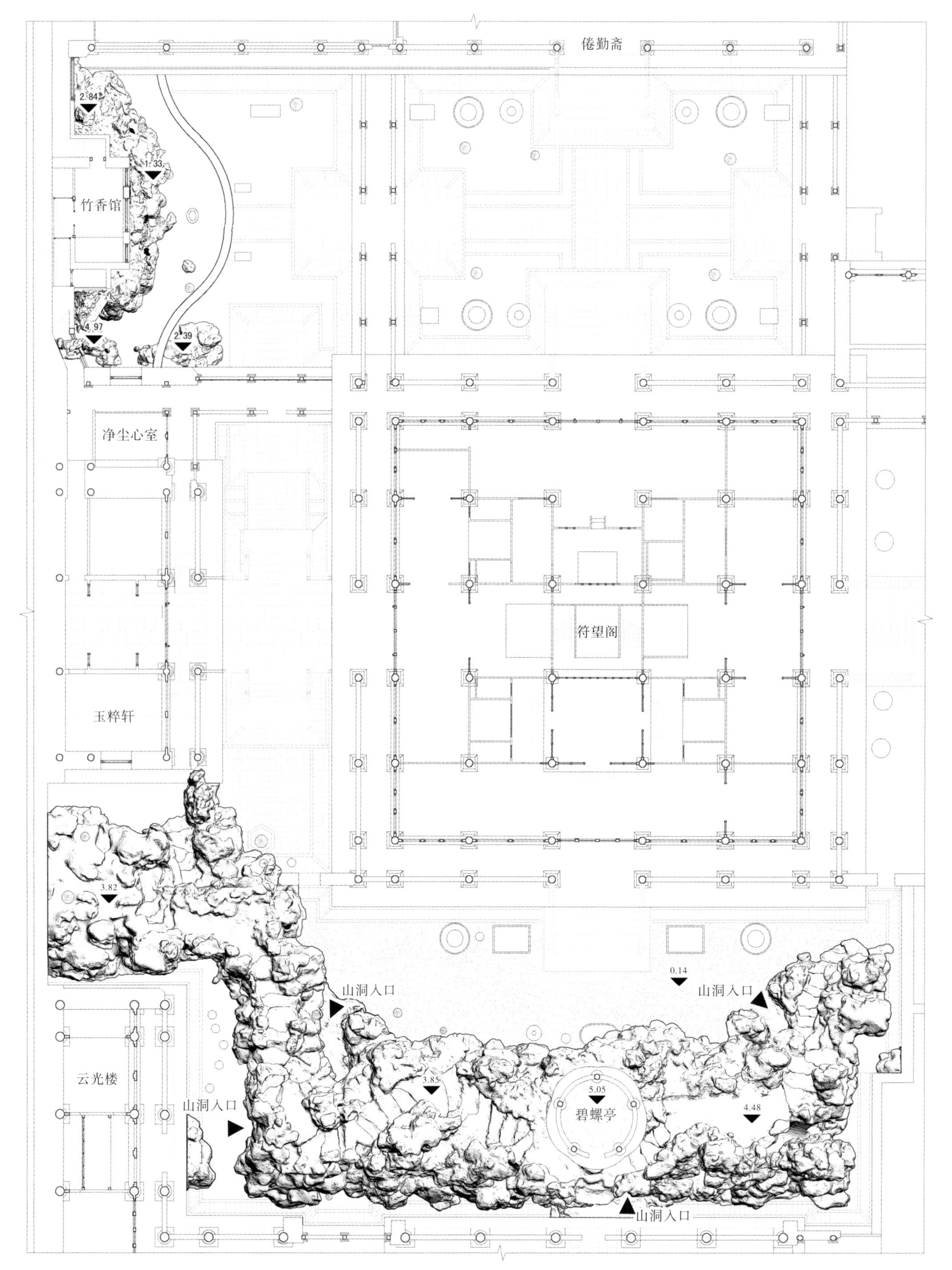

图 3-107 四进院平面图

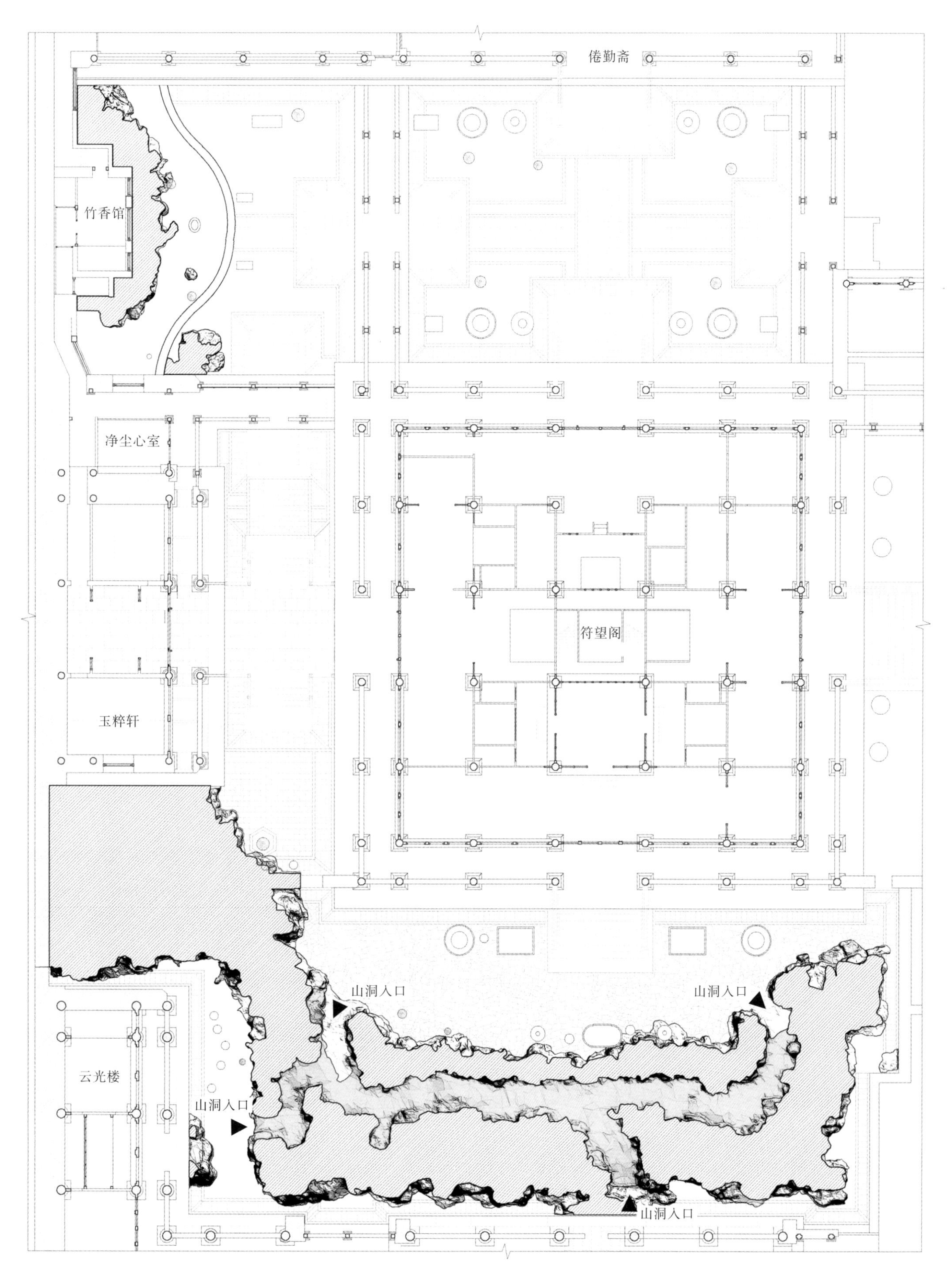

图 3-108 四进院距地坪 0.5m 剖面图

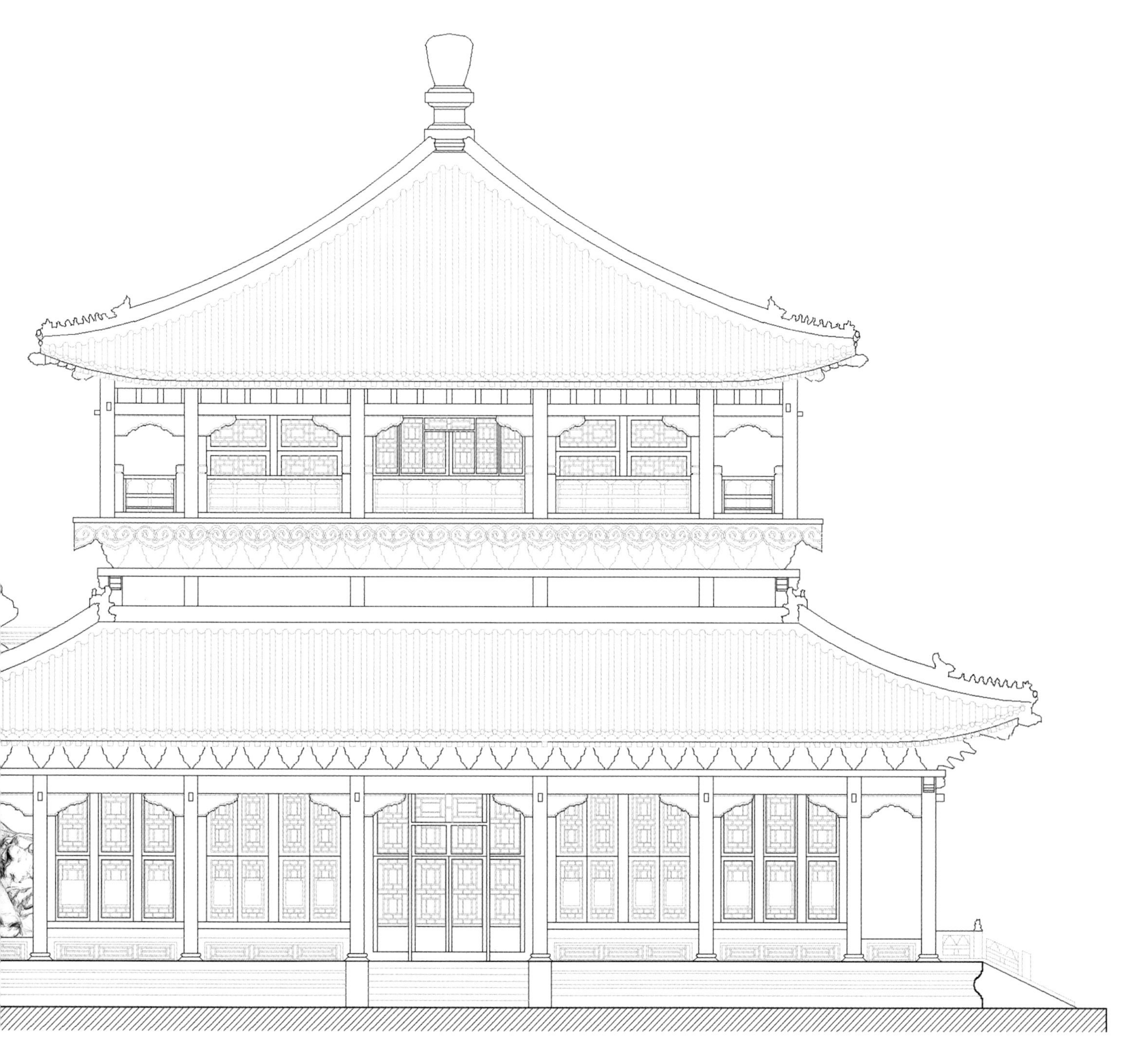

图 3-109　四进院东立面图

图 3-110　四进院西立面图

图3-111　四进院北立面图

图 3–112　四进院南立面图

图 3-113 四进院剖面图（1）

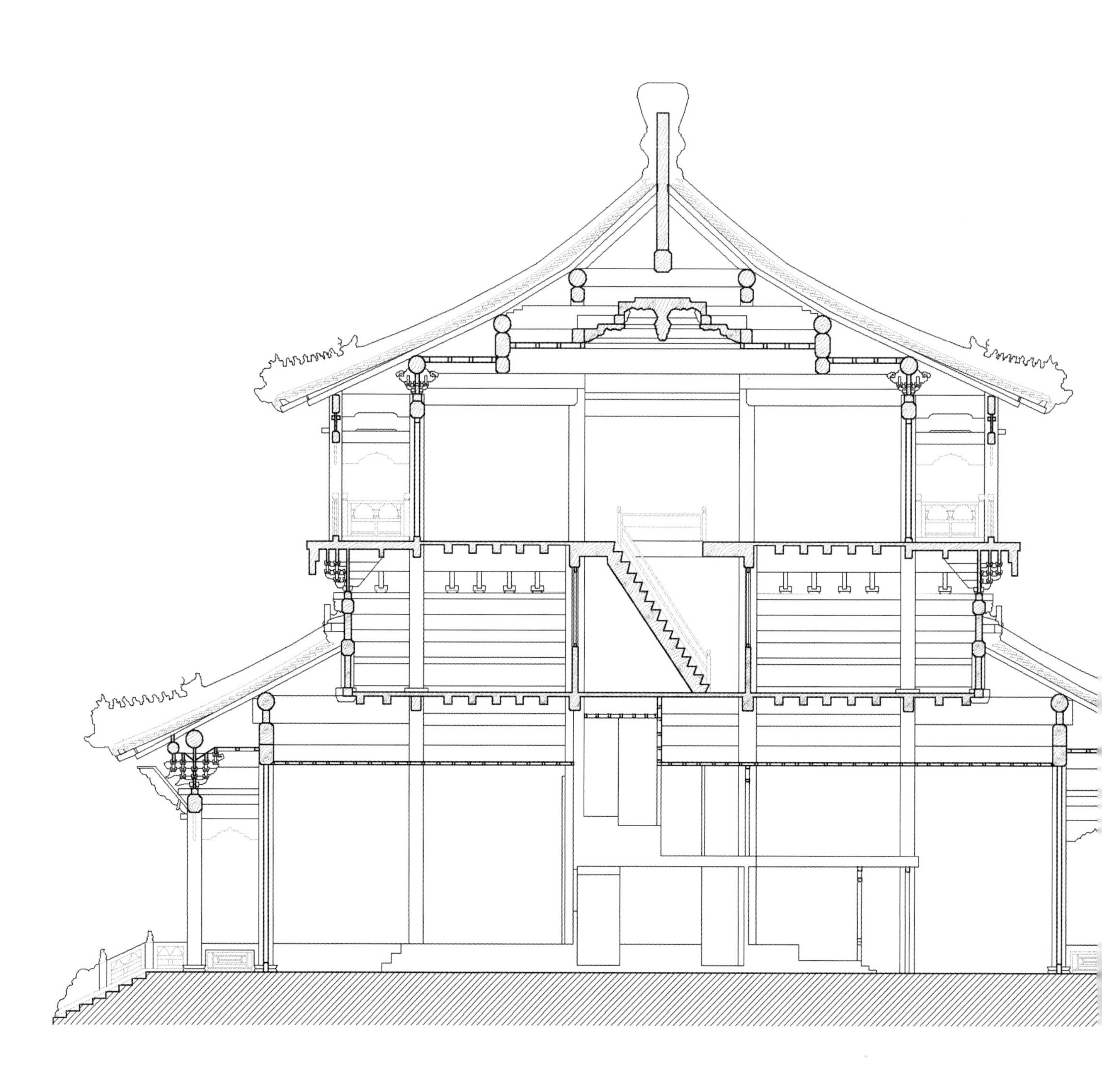

图 3–114　四进院剖面图（2）

图 3-115　符望阁

图 3-116　符望阁新老照片对比

图 3-117　符望阁上远望

图 3-118　符望阁与假山前后呼应

图 3-119 符望阁前假山入口

图 3-120 碧螺亭（1）

图 3-121　碧螺亭（2）

图 3-122　碧螺亭（3）

图 3-123　四进院碧螺亭雪景

图 3-124　符望阁上俯瞰碧螺亭

图 3-125　符望阁前仰望碧螺亭

图 3-126　碧螺亭新老照片对比

图 3-127　碧螺亭石桥

图 3-128　碧螺亭假山石桥

图 3-129　碧螺亭南石桥

图 3-130　玉粹轩

云光楼平面形同曲尺，仿照建福宫花园之玉壶冰而建；阁东有玉粹轩，仿照建福宫花园之凝晖堂（图 3-130、图 3-131）；其南为山石掩映的竹香馆，仿自建福宫花园之碧琳馆（图 3-132 ~ 图 3-135）；阁后为倦勤斋，仿自建福宫花园之敬胜斋，这是乾隆当太上皇后的住所。乾隆曾在符望阁内题诗“耆期致倦勤，颐养谢喧尘”，也是表达自己退位后的期望，倦勤斋的名字也得于此诗。

图 3-131　四进院五色石墙雪景

图 3-132 竹香馆立面图

图 3-133 竹香馆（1）

图 3-134 竹香馆（2）

图 3-135　竹香馆（3）

第四进院掇山在布局上与建福宫花园颇为相似，都是在主体建筑前屏列掇山一道，假山东、西两侧设蹬道的对称布局。以一带石屏分割空间，形成主厅前“仰视而不能穷其巅末”的峭壁屏山。掇山中腹破而为峡谷，山腰设平台，山之西穿石洞，形成上台下洞、三面环绕主楼的样式。掇山西南端架飞梁，连接“云光楼”二楼。三进、四进院落则同时设置了建筑廊道以及蹬道、山径、峡谷和洞穴等多重立体交通，在半亩大小的院落中，运用复杂的叠山路径，迂回婉转，处处可通，处处有景，使空间感觉深远莫测。这在扩展了游览层次的同时，也增强了游山的丰富性和趣味性（图 3-136 ~图 3-139）。

《万邦来朝图》中描述符望阁东南角的后宫场景，女眷们身着吉服三五成群，或闲聊，或看热闹，孩子们兴高采烈地嬉戏或放鞭炮。图中所示乾隆花园场景与现状完全一致，画家在创作时所描写的符望阁前摆件置石，都与现状一致（图 3-140、图 3-141）。透过假山还可看到碧螺亭的圆形屋檐，在符望阁台基东侧五色石拼花墙面也与现状一致。可以说画作中这一角落的内容是对乾隆花园的原样写生。

第四进院繁复华丽的符望阁居中，显示出皇家园林庄严宏大的气势，与前两进院带有江南山林和民间宅第的自然典雅风格形成鲜明对比。院落两侧有高墙，地形狭长，地势平坦，园中建筑低矮稀疏，为了摆脱处在夹缝当中拥挤的困境，利用了植物来进行协调（图 3-142）。这一景区的树木大部分种在符望阁南北两侧，松柏挺拔葱郁，但却不会让人觉得拥塞单调。符望阁与倦勤斋之间有一深庭小院，桧柏以院中十字形甬道为界，整齐对称地种在四角，配植方法与遂初堂院落相似，但效果截然不同。遂初堂院落较大，呈正方形，四角植树仍觉疏朗开阔，而倦勤斋的庭院仅为一片较小的长方形，4 株桧柏足以使得院中幽深肃穆，烘托出倦勤斋“娱乐养老”的气氛。此外倦勤斋院内有一株黑枣，树姿优美，枝干玲珑，为深沉的小院增添了青翠。竹香馆位于第四进院西北角，当年曾是翠竹摇曳、竹影纷披的景象，乾隆有御制诗“数竿植嘉荫，诘曲诡石间”为证，反映出竹香馆设计时如何处理植物配植和山石之间的关系，竹香馆围墙上开辟了许多琉璃漏窗，营造了透视竹景的效果。

图 3-136 符望阁前假山出口

图 3-137　符望阁前假山山洞

图 3-141　符望阁前山石摆件

图 3-142　四进院假山与植物

专家访谈

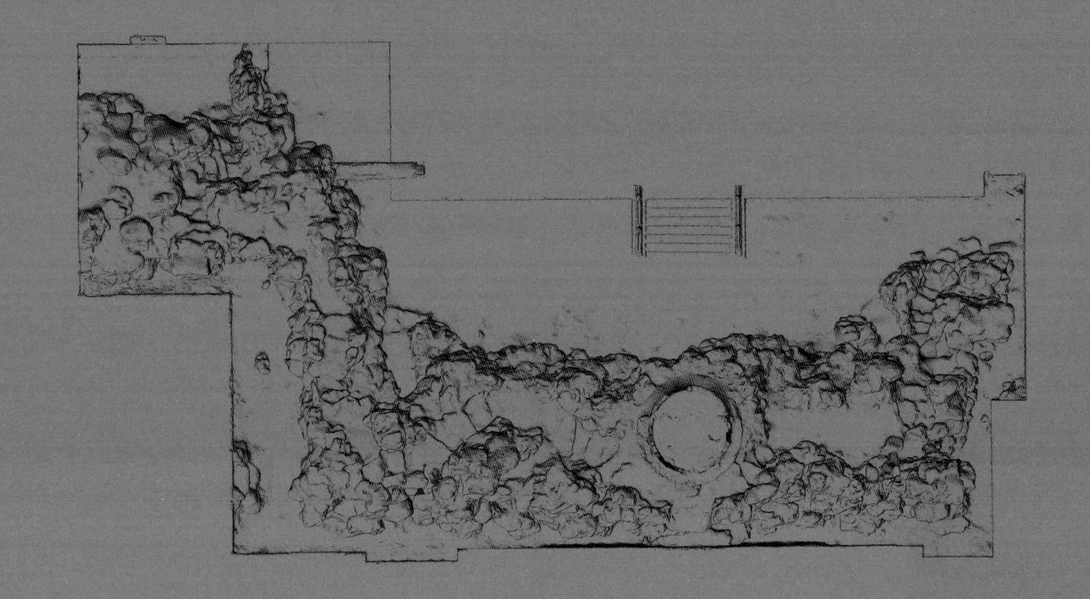

孟兆祯

孟兆祯先生谈乾隆花园的造园艺术

对乾隆花园进行三维扫描测绘很有意义：一旦乾隆花园受损，就可以有依据地进行恢复，对文化遗产和文物的保护意义重大。

紫禁城的建设始于明代。明代宁寿宫区域的原始用途就是老年人居住的区域，宁寿宫既是建筑，也是园林的名字。乾隆时期，花了6年时间重修宁寿宫，从乾隆三十六年（1771年）到乾隆四十一年（1776年），时间比较长。

宁寿宫不在故宫的中轴线上，也正因为不在中轴线上，建造过程中就可以自由一点。但问题在于，宁寿宫东边、西边的建筑体量都很大，东边是两个宫，西边是高墙，把宁寿宫夹在里面，形成了160m长、37m宽的地段，比例大约是1∶4.3。这样的地段难处理之处在于空间冗长，但这也是其优势所在，正因为冗长可以分进，如果是东西长、南北短，就更难设计了。

一般认为乾隆花园分四进，我认为有五进，第一进做得最好。头一进是大，第二进是小，第三进是中，第四进是大，第五进是小。第一进不能小，小了就没气派了，第二进是承前启后，要表现第三进的大就要通过第二进的小来衬托，欲放先收，所以宁寿宫的空间排列很有章法，叫作“起承转合”。第一进是“起”，第二进是“承”，第三和第四进是“转”，最后是“合”，从章法上来讲应该是这样的。

乾隆花园很好地体现了中国传统园林思想中的“借景”。借景就是随遇而安——乾隆花园第一进院落中为什么建造了“古华轩”？就是因为那儿有棵楸树，这就叫做“随遇而安”，现状中有楸树建造中就尊重这棵楸树。楸树根裂比较发达，根裂很多就像皇嗣繁衍，后代很多。那棵楸树到乾隆进来的时候已经是第四代，这个位序和乾隆一样，顺治、康熙、雍正、乾隆，他刚好是第四代，所以乾隆为什么要建造“古华轩”呢？是纪念这棵树，更是纪念自己的世系，这在中国文学中叫作“物我交融”，就像庄子的蝴蝶梦一样，是“人的自然化，自然的人化”，所以“古华轩”本身也是一个随遇而安的例证。

乾隆花园每一进的结构都是从四合院变化而来，四合院是正体，宁寿宫的几进院是变体。第一进院的古华轩是四合院中堂的位置。西边的建筑为什么要做重檐、三出抱厦？它的形象为什么很高大？就是因为西边有个高墙，这个花园也符合明代计成《园冶》的理论，“嘉则收之，俗则屏之”，一面大高墙无景可观，于是就在那设置一座建筑。西边是高墙出抱厦，出重檐，然后用水缸接雨水，没有雨的时候就人工运水，地形也是门一边高，另一边低，水可以自流到水渠里去。一进院中西面的建筑是四合院中西厢房的意思，只不过它现在不是西厢房，用亭子取代，实际还是采用了四合院的布局结构。

至于宁寿宫的园林布局，一般我们讲园林布局有两种，一种是“集锦式”，一种是“主景突出式”，是哪一种呢？大多数人都说乾隆花园是“集锦式”，我觉得不能这么讲。“集锦式”、“主景突出式”都是在一个环形游览路线里的，宁寿宫不是，宁寿宫是线形游览路线，这个线形的游览线路每进院相互之间是看不见的，除了各进院相连接的地方。宁寿宫的第二进院是典型的“隔景”，就像章回体小说一样，第一回、第二回，只是这个隔景比较大。宁寿宫的每一进院内都有主景，位置很明确，坐北朝南，体型高大。

从立意方面讲，宁寿宫的主要建筑“遂初堂”、“符望阁”，“遂初”、“符望”，一个是乾隆当初的意志，一个是退位的感受，立意高远、清雅，说退就退也不是很简单的事。诗言志，但是园林里的诗不是文字的诗，是通过景名、额题、对联来综合表达的。中国园林是“景面文心”，表面看是风景，其实里面是文学，所以说中国的传统园林用诗情画意来营造园林，乾隆花园就是很好的例证。

郭黛姮先生谈乾隆花园的造园艺术

郭黛姮

我真正去看乾隆花园是“文革”以后，“文革”以前几乎都没进去过，第一个印象就是这个园林非常巧妙，元素极其丰富。现在回头来看这个设计为什么好？看平面图比较说明问题，这个地段并不是一个很理想的造园地段，困难很大。但实际建造过程中，通过对空间进行差异化的灵活处理，很好地对这种不利条件进行了转化。设计将空间划分为5段，通过掇山、建筑、植物等丰富的手段，营造了令人着迷的空间和浓厚的园林氛围。

乾隆花园的设计表现出了极高的艺术水准，其五进院落的空间布局有出有进、有松有紧，每一进院落都产生了空间开合变换的对比，给人丰富的节奏感和韵律感。其建筑的布局处理没有采取平铺直叙的形式，而是充分利用高差，形成了极为巧妙的呼应、协调效果。

乾隆花园的宝贵之处除了空间营造之外，还有传统建筑形式、园林布局手法以及建筑技术的运用。如古华轩以敞厅的形式来处理；楔赏亭很好地运用了南方园林建筑的表现手法。又如抑斋，一间半的小房子，虽为北方传统园林建筑，但却借鉴了江南古典园林的手法，如此小的开间在北方园林中几乎是没有的。此外，乾隆花园中建筑的细部处理也做得非常好，窗棂子只有 1.8 厘米，虽然窄却很结实，做工十分精致。我做一个南方项目时曾带工匠来参观，现代的工匠都为这种精致程度所震惊。实际上乾隆花园是集南北园林之大成，既能够找到南方园林的影子，也能够找到北方园林的特点。

杨鸿勋先生将中国园林概括成两句话："凝固的诗，立体的画"，我觉得概括得非常好，诗情画意在乾隆花园中得到很具体的表现，不仅仅是坐观，而且可以游，在游览过程中感受园林的韵律和变换，我觉得乾隆花园在这一点上非常成功！

孙筱祥

孙筱祥先生谈乾隆花园的造园艺术

中国园林对世界的两大贡献，一个是"庭园"（courtyard），一个是"将整个城市作为园林"，这两个贡献，前者的典型代表就是紫禁城里面的"花园"，另一个就是杭州西湖。这两个贡献是很大的！

首先是"庭园"，世界园林最早是从"庭"开始的。乾隆花园现状均为掇山，掇山是什么意思呢？是"云"，就代表着天堂、极乐世界。世界有两大文化，一种是"出世"的文化，即去世后上天堂；一种是"入世"的文化，那么就是活着就活在天堂里，所以有"上有天堂，下有苏杭"的说法。掇山其实就是"云"，即我们住的房子都在云里面了，那么就表明我们就住在天堂里面了。

其次我们要谈紫禁城，世界上的皇帝，既是皇帝又是造园家的，外国没有，中国有，有几个，一个是宋徽宗，他主持修建了寿山艮岳，还有两个是康熙和乾隆。康熙没有乾隆做园子做得多，所以我们现在说圆明园的总策划师、总设计师，都是乾隆，所以中国皇帝造园的最高成就者就是乾隆。

王其亨

王其亨先生谈乾隆花园的造园艺术

关于古典园林的哲学思想来源，不管是过去还是现在，讲到中国园林都会提到道家对中国园林的影响。实际上这是值得商榷的。关于道家眼中自然美有两个误区。第一个是"自然"，在中国古代的道家哲学中“自然”从来都是“自然而然，当然”的意思，没有“大自然”的概念。现在把“人法地，地法天，天法道，道法自然”中的“自然”定义为“大自然”，是把“自然”误读了。第二个是道家讲“出世、隐逸”，这个也很荒唐，道家出世、隐逸就是回到大自然，返璞归真，这种返璞归真与园林如何搭界？《老子》讲：“五色令人盲，五音令人聋”，是彻底否定所有艺术的！可园林里所有都是精雕细刻，石头都是叠山，这是不符合道家哲学的。《庄子》中表达出来的不要任何人工痕迹，就是道家的本意。所以我的观点是中国古典园林的精神内核还是儒家哲学和禅学，也就是儒学化的中国佛教。

园林本质是“居”，中国园林的本质是“山居”，就是“回到自然当中的居住”，“采菊东篱下，悠然见南山”。《园冶》的话语主题是“居”，最好是住在山里，一个居住环境而已，不行跑到城边上，再不行跑到城里去，选块地，人工模拟一个自然环境，这是《园冶》的一个基本精神，我必须强调这一点。园林的本质“居”和一般的居住又不一样，《园冶》的文字里写得很清晰，它包括更多的自然审美，所以处处造景，模仿自然，建筑就变成一个观景的场所或景的本身，和自然融合到一块儿，这是《园冶》及中国古典园林的一个基本精神！

人类历史上和中国历史上，集大成的，两个最伟大的造园家，一个是康熙，一个是乾隆，空前绝后，因为他集中国力，而且他们自己又有很深的文学修养，这种情况下建造的乾隆花园，肯定是旷世杰作！

关于乾隆花园，第一个要问的问题就是为什么宫殿里一定要有园林？宫殿建筑属于“社会性的居住”，天子的终极目标是圣王，圣王就是满足社会需求的一个王，就应该循规蹈矩，就得听贤臣谏言、批判，在宫殿中就是这样。但是一到园子里去，就绝对不一样了，是一种生活的状态，宫殿中的花园可以说是帝王找寻寻常人生乐趣的所在。乾隆晚年要当太上皇，在功德圆满、十全老人、古稀天子的情况下，乾隆花园可以讲是乾隆皇帝一辈子的一个顶峰之作。

第二个，为什么建福宫花园和乾隆花园，一个是他当太子读书的时候的花园，登基了以后马上着手修建；另一个是当太上皇的时候。这个背景我们必须了解，即帝王的意向，他是按照《洪范·九畴》的概念来做的，《洪范九畴》里有（飨用）“五福”、“五寿”，建福宫不是求个人，而是求作为一个圣王，应该为国家民族做什么工作，这是建福宫的意象。比如乾隆花园中的符望阁，和建福宫简直一模一样，其实是善始善终的意思，宁寿宫、符望阁，就是“五福五寿”、“福寿安康”。这才是乾隆花园这一作品的创作意图。

此外，乾隆花园中的掇山石必须得到保护，因为这是“艮岳石”！乾隆花园的掇山石是从琼华岛搬来的，我后来的考证没有任何异议，就是“艮岳石”！

韩良顺

韩良顺先生谈乾隆花园的山石艺术

乾隆花园位置在故宫东北方向，面积6000m^2，合0.6hm^2，用地狭长，带状，南北长160m，东西宽37m，周围8米高的宫墙围绕，紧邻养性殿、乐寿堂，造园选址从园林的角度看并不是很理想，面积太小，要建成雄伟、疏朗的皇家花园是不可能的。在这种情况下，采用结合江南私家园林的手法，在占地面积不大的情况下，景致精巧紧凑，采用了灵活多变、有序的造园风格和手法。

乾隆花园在基本对称的基础上，采取高低错落的布局，增加视距；其次，利用游廊、短墙、建筑物，尤其是以山石为主分隔空间的手法，扩大了空间利用，堆的山石山脉，经过众山峰岭逐步再走向低处的另一山脉，延伸到另一个布局。例如，三进院掇山很多，到了二进院就一座山峰，很稀少，但是他用一个手法，只用几块山石把前一进院落山脉的意绪给引过来，引到这个院子里，从山脉延到中间的孤赏立峰上，这个布局是院子当中一个主景，它使得院子不显得空，有连续。就是由山脉来连续，到另外的院子他也用这个手法。所以他所有的布景是以山为主，虽然到中间院落掇山看上去像是断笔了，实际上没有，他山脉相连的手法运用得极为自然！用山脉意境延伸的手法，取得了不着痕迹的自然效果。

园内的宫殿式的建筑相映生辉，不失宏伟的气势。乾隆花园是我国造园艺术中，皇家花园和江南私家花园完美结合的典范！中国园林在这样狭长环境中做成这样的气派是很不容易的，是当之无愧的典范！

乾隆花园堆山艺术的特点有：

一是开门见山。一进园门，当面一座掇山挡住视线，山间只见有一条小路，如同山谷。使人思想上感觉已经进了山了，那里面应该有好多景致，再往前走一步，露出禊赏亭一角，又使人感到里面景色很深奥。里面有很多文章好作，这个手法——进门见山，进来后感到别有洞天，看到深处一亭角，里面深奥无比，这是堆山第一布局，引人入胜。

二是山腹藏水。北方水少，而山水是相依的关系，乾隆花园采用了将两山之间相隔之腹，做成山涧的做法，使人感觉到山涧里面藏有水，其实没有水，采用“虚中有实”的手法。这是乾隆花园的第二个特点，别处没有的。

三是叠山运用云头皴法和如意皴法相结合，使假山线条柔美，造型丰满，层次分明，前后错落有致，与古代建筑有机地结合，形成一幅完美的立体艺术画。

四是把苏州的吓煞人香（碧螺春）的意境巧妙地移接到乾隆花园内。碧螺亭是乾隆皇帝题的名。苏州的吓煞人香是康熙改名碧螺春的。这充分体现了乾隆对康熙爷的思念之情和名字的艺术传承。

乾隆花园的造园、叠山艺术，从历史和现代的角度评价都是一流的水平，将大自然的景色用微缩的方法布局到花园中来，集中有洞、壑、谷、涧、溪、悬崖等等，正所谓咫尺天涯，虽由人作，宛自天开。

茹静华先生谈乾隆花园的造园艺术

茹静华

故宫中的园林风格不同，时代也不相同，应该将四个花园都进行研究，然后进行分析、归纳、比较，找出规律性的东西。第一就是在古代中国拥有最高权威的地方，植物是怎么选择的？比如说御花园的“绛雪轩”，原来种的是太平花，我们知道太平花原产在南方，据说这里也种过海棠，这中间的演变是什么样的，非常值得研究。现在我们看故宫的园林，时代不清晰，有许多不确切和谬误的地方。

现在看来，关于故宫中所有园林资料的整理，还是很不够的，特别是植物景观方面。例如建福宫花园原来是以牡丹为主的；楸树除了古华轩，西六宫也有；慈宁宫花园有非常大的银杏；英华殿庭院中有菩提树等等，都有着深厚的历史渊源。此外，原来记载的故宫中种植的杏花、竹子、梅花、腊梅等，都应给予全面的保护和复原，以再现故宫极盛时期的历史面貌。故宫的古典园林，同样是宝贵的世界文化遗产，对其保护的工作，功在当代，利在千秋。

楼庆西

楼庆西先生谈乾隆花园的造园艺术

乾隆花园的三维测绘工作很有意义，在学术价值方面，第一是留下了非常详细的图像资料。看了这个测绘图以后，我觉得可能是我看过最好的测绘图，由于先进仪器的使用，成果非常的精细、准确，包括最难测绘的山石跟植物也都测了出来，所以这是一个非常好的工作。第二是有了这份详细资料，就使未来的保护工作有了很好的依据。第三是测绘工作能够为进一步进行园林艺术、技术的研究，以及总结古代造园经验，提供非常翔实的资料和科学的依据。

乾隆花园虽然是皇家园林，但又与常见的离宫型皇家园林不一样，因为它处于故宫之中，基本上可以看作是皇帝的“宅园”。其设计建造过程是在乾隆皇帝的亲自指导下完成的，明确地体现了乾隆本人的思想——归政、倦勤、颐养天年，乾隆花园代表着清朝近代造园的一个高峰，在技术、艺术上都臻于成熟。此园在有限的空间条件下，运用轴线错位、空间变换的手法，从布局、造景，到装修、装饰，从外到里，从上到下，从屋顶到地面，可以说是极尽所能。

可以说，宁寿宫和乾隆花园有效地改变了故宫后半部分的整体格局，是紫禁城四园中最灵活，又不失宫禁规整特色的经典。

王贵祥

王贵祥先生谈乾隆花园的造园艺术

我觉得测绘和数字重现工作做得非常好，也非常地深入，测绘做得如此细致，最后还能完整地虚拟再现出来，在园林领域甚为罕见！这个工作量本身也很大，工作成果也是非常的难得，为古典园林的精品留下了完整的资料。

中国园林与中国传统建筑非常符合，有着两个文化体系，一个是“礼乐文化”，一个是“归隐文化”，当然后来还有佛教“芥子纳须弥”思想的影响，但不管是皇家园林还是文人园林，基本上走了这两条路。乾隆花园就是一个融合了礼乐思想和归隐思想来塑造的园林。故宫作为宫殿，本质上就是礼乐思想的一种表达，前朝后寝作为“礼”和“乐”的代表，就产生了宫和苑的结合。宫殿其实基本上就想表达“礼”、“乐”，那么礼乐文化里宫殿就是这样，前面是礼仪性的“前朝”，“寝”往往和宫苑结合。本来不属于皇家文化的归隐思想，在逐渐演变为中国文人的思维模式后，也对皇帝产生了影响。

乾隆花园就这样浓缩了这两种思想的影响。

乾隆花园有几个特点，第一个就是首先在对称中求不对称，在不对称中求对称，这符合中国古典园林的传统。花园的几进院子，内部不停地错动，这种变化，实际上是在努力营造不对称园林的自由感，但是它又时不时地体现一种对称的感觉出来，当然也有“礼乐思想”在里头，也有中国造园的规则在里头。事实上古典园林里都是有轴线的，颐和园、圆明园、江南私家园林都是这样的。

第二点是在空间上，先放再紧，再紧再放，这也是中国园林造园常用手法的运用。其空间路线实际上是在引导人们往前走，让人感受到小中见大。所以园林中就把空间做得特别的曲曲弯弯、上下错落，乾隆自己的话叫“高下有情”。所以乾隆花园虽然很小，但是没有一个院子是完全一样的，而是在空间上让人感觉在里面走起来错综复杂，拉长游览线路，但并不枯燥。

第三点是植物搭配非常讲究。中国古典园林讲究树的姿态，乾隆花园虽然树不多，但那种苍古感、幽静感还是出来了，这种种植不是随意的，而是刻意而为。

第四点是整体空间上还是有“向背”关系的。中国建筑特别讲“向背”，就跟中国书法一样，就是“人和人之间彼此有一个对话”。但它并不是死板的左右对称，而是通过空间组织和气势来体现。

因此，乾隆花园在这样一个非常局限的空间中，可以把中国传统文化和园林要素淋漓尽致地表现出来，是不可多得的古典园林佳作。

附录

金界楼台思训画 碧城鸾鹤义山诗

如诗如画的乾隆花园

刘畅：清华大学建筑学院副教授
李越：故宫博物院古建部高级工程师

位于紫禁城东北隅的宁寿宫花园，又称乾隆花园。它建于乾隆三十六年（1771年），是乾隆皇帝兴建太上皇宫宁寿宫时在近旁营建的花园，供其养老休憩。这样一座皇家园林，一座太上皇“退休”颐养天年的休闲场所，它的建造工艺，装潢设计，都堪称是中国古代园林建造的经典之作。其技艺之奇诡、寓意之深远，如诗如画，浑然一体，令人拍案叫绝。

耄期倦于勤

乾隆花园，首先是一座皇家园林，但与我们所熟悉的斋宫型皇家园林不一样，我们可以称其为皇家宅院。乾隆花园修建在宁寿宫殿区域内，而宁寿宫区域南部的皇极殿是乾隆皇帝归政后临朝受贺之所，属于“前朝”部分。其后的乐寿堂是乾隆归政后的寝宫，属于“后寝”部分，乾隆花园就在“后寝”的西侧，所以可以把它看作皇帝的宅院。

乾隆花园是乾隆盛期的作品，处在乾隆朝造园技术非常成熟的时期。作为乾隆皇帝亲自指导与建造的园林，乾隆花园的建造指导思想非常明确——归政、倦勤、颐养天年。无论是造园思想，还是造园技术，乾隆花园可以说代表了清朝造园艺术的巅峰。

一座花园的构成要素，有山、水、树、石、屋、路（六法）之说，即花木、水泉、山石、点缀、建筑、路径。乾隆花园在狭窄的空间内因地制宜、因景构图、因材施用地叠石造山和置立石峰。园中的空间处理上讲究曲折幽深、小中见大、实中见虚，山石与建筑、花木和谐地结合，相得益彰，创造了宫廷式皇家园林的独特风格。乾隆皇帝在此园第三景区萃赏楼下西室亲笔题写了一副对联：“金界楼台思训画，碧城鸾鹤义山诗。”高度地概括了此园如诗如画的风格和特点。乾隆花园的造园思想主要是来源于儒家的礼乐和归隐传统。

一座花园的立意代表了一个人的志向，乾隆作为帝王，志向可以简单概括为“紫宸志”——“普天之下莫非王土，率土之滨莫非王臣”，即领导整个国家。乾隆二十五岁开始执政，登基伊始就立意在位不超过其祖父康熙执政六十年。从乾隆花园的建筑命名，我们也能看出这层含义：比如“遂初堂”，命意于《老子》“功遂身退，天之道也”。谓遂其初愿，禅位后要倦勤、归隐。“符望阁”意味着花园的建成符合他在位时的愿望。乾隆《符望阁诗》云“层阁延春肖，题楣意有存。耄期致勤倦，颐养谢尘喧。豫葺优游地，略惭恭俭门。

三友轩与耸秀亭（任超 摄）

乾隆花园俯瞰图

禊赏亭外景（任超　摄）

其诚符我望，惟静候天恩”。“倦勤斋”中“倦勤”二字出自《尚书·大禹谟》“朕宅帝位三十有三载，耄期倦于勤”之句，点明了乾隆皇帝将自己的归政看成像大舜那样的“倦勤”，此座建筑正是乾隆皇帝为做太上皇而备的憩息之所。

帝王有“紫宸志”，要求皇家园林要“恬天下之奇，藏古今之胜”。乾隆花园可以说把中国园林的要素尽可能地用到了。在这极其有限的空间里，乾隆设想的晚年退休生活非常有乐趣。他总觉自己是个文人，这座花园也表现了他的文人思想：第一进院落中有“禊赏亭”，曲水流觞，是文人生活至高的境界；第三进院落设“三友轩”，岁寒三友是文人品格和精神境界的象征。虽然贵为天子，但是他处处要求表现自己作为一个文人的情怀与追求。

乾园八景

为更好地理解乾隆花园的造园艺术，我们可以将其景观归纳为八个单元，基本遵循院落划分出的空间，又在一些地方打破了平面束缚，按照实际参观感受在视觉上和线路上把空间连接起来。八景的构成如下：

第一进院落中可分出二景：由古华轩统领禊赏亭、承露台，称之为“山水之间”；抑斋、矩亭和游廊组成了自成体系的一景，称之为“园中之园”。第二进院落朴素而规整，称为“寻常小筑”。第三进院落的大部分和第四进院落的南部假山共同组成了一个下层静谧、上层开朗、内外贯通的空间系列，姑且称之为“上下山色”；第三进院落中的三友轩其实与宁寿宫后部中路的乐寿堂关系更加密切，是其附属，可自成“岁寒三友”一景。

第四进院落几乎照搬建福宫花园，但更加突出建筑的地位和趣味。细分之，则有养和精舍与云光楼，建筑与假山共成“罗汉山林”；还有巍巍独尊、俯瞰全园的“明堂符望”；以及足不出户便串联起一轩、一馆、一斋的“倦勤隐趣”。

禊赏亭内的曲水流觞（任超　摄）

山水之间

虽然在清代进入乾隆花园的方式不独是穿过衍祺门、绕过假山屏壁、直面古华轩，还可几暇信步，多有途径，但是当时花园的擘画者

古华轩外的堆山叠石（任超　摄）

承露台（任超　摄）

一定也把由古华轩统领的一组建筑作为花园至关重要的开篇之笔。

在这一区，迎门即为假山，以“曲径通幽”的手法将游人引入古木参天、山石环抱的内院。园内正中是一座敞轩，作为整个区域的主题建筑。敞轩因轩前一株古楸而得名古华轩，轩内施以简洁明快的落地罩，这样的处理使内外景致隔而不断，举目四望皆是景框。轩前有禊赏亭和旭辉庭，禊赏亭为主，亭内地面开凿流杯渠，源于王羲之兰亭曲水流觞的故事。旭辉庭为陪衬，建于叠石矮山之上，面迎朝阳，可赏日出。轩东堆筑假山，其上建承露台，形成院中的制高点，与西侧建筑呼应。

古华轩是四面通透的敞轩，禊赏亭是开敞的亭座，承露台更是了无遮盖。开敞成为这一园区最显著的特色。开敞的目的则是要忘形于山水之间。山，有东侧的承露台叠石；水，则有亭中流觞的曲水。北方的气候条件使园林理水掣肘颇多，乾隆花园里更是惜水如金。禊赏亭中的水源来自深井，转入铜缸，是园中唯一一处用水的景致。如果说园中开敞的空间暗示着忘形得意的追求，那么配上东山西水，忘形的所在就必是在山水之间了。

园中之园

进入衍祺门右行，游廊勾连着的是一座紧凑玲珑的小园。园的核心是抑斋，对面假山上有撷芳亭。抑斋西侧连着游廊，游廊转角处建有矩亭。

抑斋不过是面阔一间半的佛堂，而其最妙之处却是直接通过秘密通道似的路径连接到宁寿宫中路的养性殿西配殿。养性殿的东西两配殿都用作佛堂，这一点延续了帝王寝宫养心殿院落的传统。从中路的角度来看，穿过西配殿佛堂后墙上的小门再进入一个小佛堂，后者无疑是取隐秘修炼而又置身山林的双重意味。

延趣楼

抑斋西边游廊的佳处在于拥挤之中的巧妙张弛。抑斋前后都出檐廊，而前后廊又都向西边引出游廊，这两道游廊与矩亭以及串联矩亭的游廊结合在一起，围出了一座更小的院子。园中园里院套院，小院衬托下的小园并不显得单调。比如拙政园"海棠春坞"的西侧院，留园"揖峰轩"的西侧院，还有网师园"濯缨水阁"的西侧院。

再放眼庭院整体，这座"园中之园"与之前的"山水之间"一起，或可看作乾隆花园的原创之处。虽然有学者以为，这里的抑斋——撷芳亭一院布置"山、亭、建筑、回廊的空间模式来自蒨园（京郊圆明园之长春园）委宛藏——卷云亭的启发甚至直接影响，但若细究起来，二者之间的差别还是明显的。"

样式雷"蒨园图样"中委宛藏是两间加一小耳房，相比之下抑斋更小，仅一间半且并无附属小室；委宛藏侧院与抑斋西侧小院仅在平面上略有相似，而空间组成、视觉效果大相径庭；另外，卷云亭两翼都有连廊，且一廊寻假山而上，这在撷芳亭处是没有的；最重要的是，《蒨园八景图》中委宛藏近旁有数间平台游廊，空间意趣与抑斋迥异。

颇费周章地说明园中园并非模仿之作，是想突出抑斋一院的独特之处。同时，它与古华轩一区相对隔离，而又与养性殿暗自联络，在功能上也与后者关系更加密切。如此独特的功能和空间关系是不容易重复的，而如此恰当的解决方案正是"园中之园"存在的原因。

延趣楼内景

寻常小筑

古华轩后为一垂花门，其内为乾隆花园的第二进院落。这是一座一正两厢的住宅式院落，院中散点湖石，主体建筑为遂初堂，布局和建筑要素都与畅春园里乾隆母亲住过的寿萱春永一院雷同。但据现存资料还无法判断寿萱春永是不是康熙朝的遗构。

这样的院子寻常得简直无可多言，它是清代两进以上的四合院私宅中不厌其烦重复着的做法，比起王府正房还要朴素很多。

不过反过来讲，把普通民房的形式用在帝王宫苑里却是不寻常的，如此布置的背后一定有设计者意欲传递的某种想法。

从乾隆花园总平面图上看，继前一院置身山水之间的精彩创意之后，接续朴素的过渡，是为后面即将到来的高潮作铺垫，这是园林设计、空间序列上的启承转合之手法。而从设计意匠的角度来讲，前面是在山水之间求得永生的主题，到这里则是在表达另一番期望——若能“遂初”，长寿归政，便甘愿平民百姓一般，过寻常的生活。

上下山色

遂初堂后引出了第三、第四进院落，它们分别是长春园淳化轩西院和建福宫花园西院的副本。乾隆皇帝在这里如同一位涉猎广泛的收藏家，“收藏”着经典的园林片段，甚至还有经典的室内设计。

第三进院落中满堆石山，主峰上建耸秀亭，山下洞谷相通，蜿蜒曲折。山北萃赏楼，西侧延趣楼。院中东南角的三友轩自成一景。穿过萃赏楼进入第四个院落，迎面仍然是假山，山上有碧螺亭。以建筑为轮廓，第三、第四个院落是截然分开的；而以假山为线，以山与建筑上下楼层的对应关系为参照，这里第三、第四个院落又是气韵连贯。因此，把延趣楼和萃赏楼、楼前后假山以及耸秀亭和碧螺亭放在一起，总成一景，称为“上下山色”。

延趣楼两层，面临假山向东而建，因室内外景色差异而内檐装修风格迥异。楼的下层处于叠山荫翳之下，幽深宁静。因此室内采用巧妙的隔断，精美装饰，所用五彩、青白瓷片，以及淡雅的花卉绣片，营造出一种沉稳雍容的气氛。至于上层，则直接面向假山顶部，视野豁然开阔起来，室内也随之大为简化，不作过多分隔和装饰，仅设宝座、书架等家具。延趣楼上层还三面带廊，可逡巡遐观。原本二层还有小石桥直接与假山相连，直到嘉庆二十二年（1781 年）才因残坏而拆除。

萃赏楼的上下两层虽然没有设计成不同的风格，但空间布置上区分并贯通上下的意图是明显的。楼下明间前后都开门，但向南开在明间，向北开在东西次间，并在东稍间设置了园中最为宽敞豁亮的楼梯间。出南门，即有蹬道通往假山山顶。出北门，即是假山屏障，曲折行走之后才能进入后院假山的洞穴。至于楼上，敞亮通透，视线会不自觉地游走在前后两院。而出上层北门，对面有玉翁一尊，再后便是一座小石桥，通往后院假山。正面进入萃赏楼，定要走下层，而走出萃赏楼的最好方式则是走上层的后门，徘徊四顾，胸臆畅然。这样看来，萃赏楼中一气呵成的漆质、竹节加玻璃画的装修隔断更具有贯通上下两层的意图，使其成为两院假山之间的枢纽。

耸秀亭和碧螺亭，一前一后、一正方一五瓣梅花、一单檐一重檐、一稍偏于西次间一居于当心间。两座点景小亭虽位于不同的假山上且无法对视，但在园林意匠上却是不可分的。在乾隆皇帝设计它们的时候，前者有小桥可通延趣楼，后者经小桥可达萃赏楼，二楼又在下层游廊相接，而在上层对望。楼中亭中，上层下层，山色不同。

岁寒三友

三友，即所谓的松、竹、梅岁寒而傲然者。三友轩内门窗装修及家具陈设皆以松竹梅为装饰图案，轩外又植松、竹、梅，乾隆皇帝之风雅可见一斑。

三友轩虽小，却因其所仿照的范例及其与周边建筑的关系而自成一景。

三友轩的范本是圆明三园长春园淳化轩的西耳房，名字也叫三友轩。与三友轩比邻而荫于其檐下的乐寿堂，在一些称谓并不正规的活计档中甚至也被唤作“宁寿宫淳化轩”。足见这一套设置本是同根同源。根据现存样式雷图样，我们还可以列举乾隆花园三友轩与长春园三友轩之间的一些主要相同与不同之处。

乾隆花园三友轩在西次间内保留着非凡的精美设计。进入这个空间的门在明间西墙靠后檐的地方，是一对真假门中的真门。穿过这个门，是一个狭长的小过道，一侧是室外树林荫翳、山石嶙峋的景色，另一侧则是一座圆光门。这不是一座普通的圆光门，围绕其圆形轮廓的是紫檀木雕刻，主题便是岁寒三友的干茎。门周围，布满整个壁面的是精美绝伦的竹丝镶嵌背景下的紫檀木枝条、青玉松针、碧玉竹叶和白玉梅花，门里门外都能欣赏到这一工艺珍品。进入圆光门，左侧是一大方窗、窗棂是精工细作的岁寒三友木雕，透过木雕窗棂可以看到室外小院中的松树、翠竹和梅花。从乾隆花园的配置，我们完全可以推想出如今已毁无踪迹的长春园中相应的景观。

明堂符望

第四进院落从建筑布局到形制均仿自建福宫花园。在整个院落体系中，华丽端庄的符望阁巍然屹立于中央，是花园中体量最大的建筑，自成一景。

符望阁内檐装修极尽复杂分隔空间之手段，长期以来被称为“迷楼”，行走在楼中难免恍然不知所至。阁为重檐方殿，仿建福宫花园延春阁样式而建。说它室内空间复杂丰富，究其实质还少不了附会“古制”的意味；说它室内罩隔的设计手法和工艺水平绝伦，其实是源于乾隆所钟爱的江南风格，依赖江南工匠的高超技艺。

符望阁内部三层，下层向北还有局部做成带仙楼的两层空间。阁内首层内檐装修反映出典型的“中心发散式”格局，四个方向的内檐装修布置手法各异，仿佛将四座一字形殿宇背对背组织在一起，各自面对一个方向的院落。在晴好的日子里，只要开启四面的隔扇门，便可以将室内外空间一起贯通。这里是皇帝独享四顾之畅、俯瞰之娱的地方。

堆山之上的耸秀亭（任超　摄）

至于符望阁的内檐装修工艺，则是乾隆时期江南工艺的代表，集中反映了木雕、双面绣、竹丝镶嵌、錾铜、珐琅、雕漆、软硬螺钿、玉雕等清代工艺的顶尖水平，并且打破器物的界限，把工艺铺陈扩张到整个室内空间。

至于景观设计，符望阁在首层把各个方向的对景都详做设置。向南面对叠山，向北面向倦勤斋，向东正对一道曲折游廊的当心间，向西朝向玉粹轩，并适当地在院中点缀小品陈设。到了符望阁顶层，则可尽收花园景色，甚至可以远眺北海、景山和宫外市井。

至于形制，学者称符望阁独特的集中式的空间格局是遵照“明堂”制度而建。所谓“明堂”，在春秋战国之前，是天子召见诸侯颁布政令，并兼顾祭祀祖先的场所，后成为最为重要的礼制建筑。明堂之所以得名为“明”，主要在于它四方通达，上下连通，明朗开敞，同时比喻明政教、明尊卑、明方位、明时序，带有伦理意义和时空内涵。不过，符望阁除了建筑体型略有此意之外，所处的园林环境、变化多端的室内布局，都与整肃的礼制空间存在差距，与其说它是明堂，毋宁说它实质上是园林中点景的楼阁建筑，而多少掺了一点明堂的味道。

符望阁外景

罗汉山林

符望阁西南有楼名云光楼，下层称为养和精舍。建筑平面形同曲尺，仿自建福宫花园之玉壶冰。

与一般的楼阁不同，这里的两层楼之间没有室内楼梯，甚至没有室外楼梯，只有山石蹬道。因此其上下功能差别很大，下层是日常的起居和礼佛空间，上层则完全用于陈设罗汉像——尤其是后来乾隆皇帝得到的黑漆地镶嵌白玉罗汉围屏。

乾隆花园中罗汉的世界不止云光楼一处。从清宫档案中，我们可以知道现在抑斋之中通往养性殿西配殿门口两侧的罗汉像当时叫作“紫檀商丝（镶嵌银丝）边画十六应真玻璃挂屏一对”；还可以知道。当时玉粹轩北耳房中还曾经收藏着“卢楞迦画十六尊者一册”。不过，显而易见的是，养和精舍和云光楼绝对是罗汉出现最多的地方，简直就是个“罗汉山林”。

档案里还说，楼下养和精舍中曾经有“紫檀边缂丝十六尊者挂屏一对”，大约收藏在曲尺平面东端佛堂左近；而楼上的云光楼档案中直呼“楼上佛堂”，陈设中既有“十六尊者拾陆轴”，还有“御制贯休画十六应真赞一册”，更有“紫檀边嵌白玉十六尊者围屏一座”（实为一套十六座）。

贯休是唐末五代的著名画僧，专以得之于梦中的罗汉像传世，录于宋人的《宣和画谱》和元人的《图绘宝鉴》。到了清代，贯休的罗汉像为杭州圣因寺所得。圣因寺本是康熙南巡时的行宫，雍正时改作佛寺。寺院的“圣因”到乾隆时达到顶峰。乾隆皇帝婉拒了寺院把贯休罗汉像当作太后圣诞贺礼的殷勤，而在第二次南巡时看到了这一套罗汉像，便肯定此为真迹，并根据梵经改正了原有的罗汉名，还题写了赞文。更有甚者，乾隆皇帝还在北京的北海禅福寺和杭州的圣因寺分别建妙相塔，令勒画于石，嵌石于塔。最终贯休的画和圣因寺的塔都消失在太平天国的兵火之中。

这里的罗汉都是十六个一组出现的，全部仿照贯休的画作而成，却是以不同材质工艺品的面目出现的。这里已经列举的就有今天已经濒危的缂丝工艺，有绘画图轴，有印刷画册，还有白玉镶嵌黑漆围屏。这确是乾隆的做事风格，不过罗汉像题材真是乾隆更加偏爱的——尤其是贯休的罗汉像。乾隆没有像占有其他古代书画作品那样拥有它，却能够在乾隆花园的山林里长期与这些图像相伴，与天下各种物料接触，与十六罗汉交谈。

硬木嵌玉十六罗汉像屏（故宫博物院藏）

喜在嘉主兆有年

倦勤斋内的小戏台（任超 摄）

倦勤无尽

为了祈祷长寿长治，乾隆修了宁寿宫。宁寿宫有了乾隆花园，花园中最后一座建筑就是倦勤斋。倦勤斋仿效建福宫花园的敬胜斋，几乎等同于复制，是整个第四进院模仿手法的一部分。斋中方亭戏台、竹式药栏、藤萝天顶画、通景壁画一干设置是敬胜斋的翻版。敬胜斋随火而逝，这里则是真实保留下来的乾隆遗物，是今天唯一一处借以推想敬胜斋，以及具有类似室内格局的圆明园半亩园和盘山行宫（静寄山庄）引胜轩往日盛景的地方。

从这个意义上说，倦勤斋留给我们仔细品味的机会，尤其是它的细部设计、材料做法和工艺水平。除了精美的装修、精湛的工艺、名贵的材料，倦勤斋内戏院空间还运用室内装修设计与壁画、天顶画内容相配合的手法，以达到视觉幻觉的效果。戏院空间北侧墙壁的处理极具匠心，为一彩色通景绢地大画，采用一点透视的表现方法，画面内容是一处宫殿建筑景致，其中点缀花草、树石、仙鹤、喜鹊，更画有一道斑竹式药栏与室内南侧真实药栏相对称，并在南侧药栏上月亮门的对应位置亦开圆光门，远处景观亦呼应斋外环境及相毗邻的符望阁，努力制造幻觉气氛；而室内空间的又一重点——天顶画，最富神奇妙趣，整个顶棚满画斑竹搭设的紫藤花架，叶茂花繁，略透蓝天，每簇花的描绘又按照一点透视的原理，以宝座前方一簇为中心发散绘制，配合北壁和西壁的透视通景画，成一完整布景。

作为花园最后一座建筑，倦勤斋并不孤单，而是藏有佳境。我们知道倦勤斋西侧紧邻着的山石掩映的竹香馆仿自建福宫花园之碧琳馆，倦勤斋之西南、符望阁西门正对着的有玉粹轩，仿建福宫花园之凝晖堂。而这三座建筑实际上是通过游廊串联在一起的。倦勤斋戏院西尽头贴满通景画的山墙上开有一个小门，门表面与通景画融为一体。打开小门，便是通往竹香馆上层的爬山游廊，再沿着廊子下山，经过净尘心室，就到了玉粹轩。

在这乾隆花园的最后一座房子里，乾隆皇帝似乎希望表达的是“无尽”的意念。倦勤斋连通到竹香馆的隐蔽通道上行下导，晦明变幻着可以一直通到玉粹轩。而到了轩中，往前看可以回到经行之处，似是一番轮回。往回望则是壁画中佳人顽童，完全一道幸福的幻境。再说倦勤斋，北墙上通景画中的园林建筑也不是现实花园的简单镜像，西墙上的远山消除了园林的界线。倦勤斋是另一种概念上的开始，让主人可以从这里起程，走上无尽之旅。

延伸阅读　乾隆花园的叠山工艺

良匠良材

园林假山叠置技术有两个流传世家，俗称“南韩北张”。“北张”一家创始人是张涟，字南垣，生于明万历十五年（1587年），卒于康熙十年（1671年），他有四个儿子，其中叠山技艺最好的是张然，他后来进了宫廷，乾隆花园及避暑山庄假山是否为张家作品，没有确切考证。“南韩”称“山石韩”，创始人是韩恒生，生于清光绪年间。“山石韩”的堆山手法同乾隆花园手法是一样的，都是模仿自然真山。“北张”现在已经没有传承人了，子女没有接班。“山石韩”第二代是韩步本，第三代韩良顺，第四代韩建中，传承有序。

乾隆花园的叠山选材是北太湖石，多采自京郊房山地区。北太湖石风格拙朴浑厚、雄浑大气、叠山气势连贯，深受乾隆皇帝的喜爱，并大量用于北方皇家宫苑之中。花园中各景区单块峰石则多采用南太湖石，这些湖石并非直接从苏州产地运来，而是从北海拆运至园内。据乾隆三十七年（1772年）《奏销档》记载，曾从北海琼岛白塔西侧假山上拆卸了77块南太湖石运至宁寿宫，大部分用于园内置立石峰。

玄乎奇技

清代造园李渔所著《闲情偶寄》中称：“山之小者易工，大者难好。”在皇宫内建造花园叠石造山要受到地势和环境诸多条件的限制，堆造出较大规模的假山实属不易，堆叠出符合宫廷花园特点的假山则更加困难。明末造园家计成所著《园冶·掇山》提出掇山要做到“有假为真，做假成真”，“掇石莫知山假”，达到“虽由人作，宛自天开”的艺术效果。乾隆花园内所堆造的假山正是沿用此法，因地制宜地掇置出布局有序、体态适宜、多种技法的山林意境。

堆山是按照皴法来进行的，皴法源于中国的山水画，叠山的皴法有很多种，如斧劈皴、云头皴、披麻皴等等。石头都是有纹理的，“皴”就代表了山石的纹理，叠山就是根据石头的纹理来套皴法，以满足景致意境设计的要求。乾隆花园假山堆叠表现出了一流的技法和水平。

造园叠山，是将大自然的景色用微缩的方法布局到花园中来，表现有洞、壑、谷、涧、溪、悬崖等等，正所谓咫尺天涯，虽有人作，宛自天开。乾隆花园的造园叠山，将大自然景色缩微的同时，还有颇多讲究：

开门见山——进入花园大门（衍祺门），迎面便是一丘假山逶迤而来，宛若屏风般挡住人们的视线。山间只见一弯弯石径，小尺度、近视距的安排让人有进山的感觉，里面应有好的景色。这种安排是设计者有意采用“障景”布局，使进门者只能由山顶的缝隙处隐约窥见园内亭台的一角和松柏枝梢，使园内景观隔而不断、露而不显，使人在心理上产生一种神秘感和期待感，令人更加神往。

山腹藏水——北京水少，而山水是相依的关系。乾隆花园采用了将两山之间相隔之腹做成山涧的做法，使人感觉到山涧里面藏有水，采用“虚中有实”的手法，恰如计成《园冶》所说：“望涧壑无水，似有深意。”乃取“水尽潭空”之意境。

幽深寓意

乾隆皇帝希望所生活的环境要有一种天堂的感觉，园林中的假山要叠成云彩的感觉，穿行在山石之中就像生活在云朵中一样。世家匠人将这种叠山手法称为“云头皴”，即整个假山采用横式叠砌的手法，造型像一朵朵的云彩，似真似幻，引人遐想。贵为天子的皇帝生活在神仙般的环境中会感觉到与天齐平，乾隆皇帝“移石动云根，植石看云起”的诗句就是对这种叠山风格的精准概括。

乾隆花园假山采用“云头皴”手法，从远处看犹如云彩。花园第一景区的整个山体的堆造设有峡谷和峭壁，却无洞穴可探幽，整体非以玲珑取胜，而是将砌石横向叠置，疏密有致，起伏连绵，峰峦掩映，体现出平远幽深的感觉。

这种叠山手法与北海静心斋的叠山手法是相近的。这种叠山手法在江南园林是看不到的，苏州园林多采用“虎皮皴”的手法，石头都是纵向的，这也是皇家园林与私家园林的差异。

宁寿宫花园的点睛之笔：禊赏亭索隐

王其亨 宫䴕

紫禁城中的宁寿宫花园，又称乾隆花园，被人们公认为“宫中苑”或“内廷园林”的精品；而对这个花园的整体立意和构成来说，其中的禊赏亭，无论在援名用典，布局和造型处理等，都蕴涵着深永而微妙的意向，堪称点睛之笔。为了更深入地揭示和理解宁寿宫花园的创作意匠，对禊赏亭的构思进行剖析，当是必要的。作为局部层面，容就禊赏亭援名的历史典故、文化内涵和审美意象略作索隐如下。

一、禊赏：从祓禊到曲水流觞的历史渊源

禊赏，缘于“祓”或“祓禊”，也称作“禊事”，原是古代禳灾祈福的一种巫祭活动。

《尔雅·释诂》：“祓，福也。”《广雅·释天》：“祓、禊，祭也。”《广韵·霁韵》也说：“禊，祓除不祥也。”而如《史记·外戚世家》：“武帝祓灞上。”裴骃《史记集解》引徐广注称：“三月上巳，临水祓除，谓之禊。”

禊或祓禊中“祓”的本义是巫祭除邪，《说文解字》：“祓，除恶祭也。”《玉篇·示部》：“祓，除灾求福也。”《左传·僖公六年》：“（周）武王……受其璧而祓之。”杜预注：“祓，除凶之礼。”同书《襄公二十九年》：“祓殡而襚，则布帛也。”杜预注：“先使巫祓除殡之凶邪而行襚礼。”同书《昭公十八年》：“祓禳于四方，振除火灾。”《吕氏春秋·本味篇》：“汤得伊尹，祓之于庙。”等等，都是这种巫祭。“祓”的衍义，则涵有洗涤清洁之意。《广雅·释诂》：“祓，除也。”另如《广韵·物韵》：“祓，亦洁也。”《小尔雅·广诂》：“祓，洁也。”

临水洗涤清洁祓除不祥的禊祭，在《周礼·春官》中曾有载述：“女巫，掌岁时祓除、衅浴。”东汉郑玄注释：“岁时祓除，如今三月上巳如水上之类。衅浴，谓以香薰草药沐浴。”应劭《风俗通义·祀典》对《周礼》所载的这种巫祭，则解释说：“禊者，洁也。春者，蠢也，蠢蠢摇动也。《尚书》‘以殷仲春，厥民析。’言人解疗生疾之时，故于水上衅洁之也。巳者，祉也。邪疾已去，祈介祉也。”

至迟在春秋时代，这种祓禊的巫祭已衍为伴有春游活动的风俗，《诗经·溱洧》所描绘的，就是这样的祓禊活动。《韩诗外传》云：“三月，桃花水之时。郑国之俗，三月上巳，于溱、洧两水之上，执兰招魂续魄，拂除不祥。”为民风所浸染，《礼记·月令》说：“季春，天子始乘舟。”蔡邕《月令章句》解释道：“乘舟，禊于名川也。”即使是天子祓禊的巫祭礼仪，也已同时兼有春游的性质。

到汉代，祓禊已成为上自皇帝下至庶民普遍参与的礼俗兼具的活动。《史记·吕太后本纪》："三月中，吕后祓，还过轵道，见物如苍犬。"汉武帝禊于灞上之事，就是平阳公主向他进献讴者卫子夫同一天的事。《后汉书·礼仪志》载："（三月）上巳，官民皆洁于东流水上，自洗濯，祓除去宿垢疢，为大洁。洁者，言喜阳气布畅，万物讫出，始洁之矣。"

这时禊事的巫祭礼仪淡化了，演为世俗性的游乐盛事，却有了更丰富而生动的形式和内容。东汉初年，杜笃在《祓禊赋》中历历如绘地描述说："王侯公主，暨乎富商，用事伊雒，帷幔玄黄。于是旨酒嘉肴，方丈盈前，浮枣绛水，酹酒醲川。若乃窈窕淑女，美媵艳姝，带翡翠，珥明珠，曳离袿，立水涯，微风掩壒，纤谷低徊，兰苏肹蠁，感动情魂。若乃隐逸未用，鸿生俊儒，冠高冕，曳长裾，坐沙渚，谈诗书，咏伊吕，歌唐虞。"

这时已经出现了"禊饮"、"禊觞"的宴饮游乐形式，正是后来禊事风行"曲水流觞"的端绪。《荆楚岁时记》又称这种禊饮为"流杯曲水宴"，就是在禊日游春时，会友聚宴，让斟满酒的双翅酒杯即"耳杯"或"羽觞"，顺着宛转的溪流漂浮，依次畅饮其中佳酿。

以春禊引为赏心乐事，自然会引发文人骚客诗酒相酬、比兴咏怀的激情。由此，春禊也衍为魏晋以降历代文人雅聚的盛事。在"建安文学"兴起的时代，皇家的苑囿中也常设曲水之宴，邀集文臣名士聚会，行令赋诗，歌咏君臣禊觞之乐，夸示儒雅风流。这种廊庙中的禊赏活动，也为以后的历代皇帝纷纷效仿。

禊事的进行，例在春季的三月上巳日。而汉代是秋季也有祓禊活动。刘桢《鲁都赋》："及其素秋二七，天汉指隅，民胥祓禊，国子水游。"到后来，则如《宋书·礼制》指出："（曹）魏以后，但用三日，不以巳也。"三月初三作为禊日固定了下来。

禊事礼俗活动的盛行，未免引发后人追根溯源的考据。《晋书·束皙传》载："武帝尝问挚虞三日曲水之义，虞对曰：'汉章帝时，平原徐肇以三月初生三女，至三日俱亡，村人以为怪，乃招携之水滨洗祓，遂因水以泛觞，其义起此。'帝曰：'必如所谈，便非好事。'皙进曰：'虞小生，不足以知，臣请言之。昔周公城洛邑，因流水以泛酒，故《逸诗》云：羽觞随波；又，秦昭王以三日置酒河曲，见金人捧水心之剑，曰：'今君制有西夏'，乃霸诸侯，因此立为曲水。二汉相缘，皆为盛集。帝大悦，赐皙金五十斤。"

与挚虞奏闻晋武帝的民间传说类似，《宋书·礼志》载引："旧说后汉有郭虞者，有三女，以三月上辰产二女，上巳产一女，二日之中而三女并亡，俗以为大忌，至此月此日不敢止家，皆于东流水上为祈禳，自洁濯，谓之禊。嗣分流行觞，遂成曲水。"《宋书》的作者梁朝沈约，还就此系统考据了《周礼》、《诗经》、《礼记》、《论语》等经籍以及汉儒论著中的有关载述，令人信服地指出，祓禊"其来甚久"，"古有此礼”，“非起郭虞之遗风”云云，比起晋代的挚虞和束皙，显然严谨得多了。

禊事的世俗化，使三月三成为大众化游乐的节日，充满了生气，充满了愉悦，更充满了人与自然和谐的诗情画意，却一直风行后世。历代文人为之动情，还产生了无数感人的诗篇，高扬了禊事的文化价值和审美境界。即如诗圣杜甫《丽人行》“三月三日天气新，长安水边多丽人”的著名绝句，就是唐长安禊日盛景的写照。清代，则尊如乾隆皇帝，也曾作有《三月三日叠壬寅旧韵作》等御制诗。

二、禊赏：从曾点气象到兰亭故事的历史情结

历代文人参与禊事，使充满理性的文化精神源源渗进禊事活动，原始巫术的神秘和外在崇拜的官能压抑逐渐被消解，而追求人与自然和谐的天人合一的宇宙观和人生观，却赋予了它更丰富也更深刻的文化内涵和审美价值；终于，禊事由巫祭性的祓禊被改造成为审美性的禊赏。在这个进程中，正是孔子和他的弟子，跨出了为后世所景仰的历史第一步。

《论语·先进》述及孔子询问他各位学生的志向，与众不同的是，曾皙（名点）道出了这样的向往：“莫（暮）春者，春服既成。冠者五六人，童子六七人，浴乎沂，风乎舞雩，咏而归。”这种志趣，深为孔子赞许，“喟然叹曰：‘吾与点也！’”

据梁代刘昭注《后汉书》引文，早在东汉蔡邕考辨祓禊的来源时，就曾援引曾点的这一段话，指出：“自上及下，古有此礼。今三月上巳，祓禊于水滨，盖出于此。”

然而远为重要的是，这由春禊引发而貌似平凡的志趣，实际展示出原始宗教迷雾日见消散、理性精神日臻自觉和高扬的春秋时代，孔子及孔门弟子在人格理想和审美追求中的一个天人凑泊、生机流行的崇高境界。而这境界，也正是魏晋以降文人们所倾慕和效仿的“曾点气象”。此后的许多禊事文赋及山水诗，浓重浸染了这种洋溢着生命、精神的自由与愉悦的曾点气象，讴歌同天地自然有机谐和的人生。

晋代张协《洛禊赋》：“夫何三春之令月，嘉天气之氤氲；和风穆以布畅，百卉晔而敷芬。川流清冷以汪濊，原隰葱翠以龙鳞；游鱼瀺灂于渌波，玄鸟鼓翼于高云。美节庆之动物，悦群生之乐欣；故新服之既成，将禊除于水滨。于是缙绅先生，啸俦命友，携朋接党，冠童八九；主希孔墨，宾慕颜柳。临涯咏诗，濯足挥手。”

闾丘冲《三月三日应诏诗》写道：“暮春之月，春服既成。升阳土润，冰涣川盈；余萌达壤，嘉木敷荣。……临川挹盥，濯故洁新；俯镜清流，仰睇天津。蔼蔼华林，严严景阳；业业峻宇，奕奕飞梁。垂荫倒景，若沉若翔。浩浩白水，泛泛龙舟；皇在灵囿，百辟同游。击棹清歌，鼓枻行酬；闻乐咸和，具醉斯柔。”

一代田园山水诗大宗师陶渊明，所作自谓“游暮春也”的《时运》诗也写道：“春服既成，景物斯和；偶影独游，欣慨交心。迈迈时运，穆穆良朝；袭我春服，薄言东

郊。山涤余霭，宇暖微霄；有风自南，翼彼新苗。”

延至宋代大儒朱熹，干脆赋诗援名为《曾点》，直抒他仰慕胸臆的曾点气象：“春服既成丽景迟，步随流水玩晴漪。微吟缓节归来晚，一任轻风拂面吹。”

在《朱子语类》中，朱熹还深刻指出：“曾点气象，固是从容洒落。”认为“曾点见得事事物物皆是天理流行。良辰美景，与几个好朋友行乐，他看那几个说底功名事业，都不是了。他看见日用之间，莫非天理；在在处处，莫非可乐。”“且看莫春时物态舒畅如此，曾点情思又如此，便是各遂其性处。尧舜之心，亦只要万物皆如此尔。……如庄子亦见得尧舜分晓。”他强调说：“曾点意思与庄周相似。”在《论语集注·先进》中，朱熹更言简意赅地概括，“曾点气象”作为天人合一的人格理想和审美追求最高境界，本质就在于“其胸次悠然，直与天地万物上下同流。”

事实上，以《庄子·知北游》“山林欤，皋壤欤，使我欣欣然而乐焉”比较《论语·先进》中曾点的志趣，朱熹所说“曾点意思与庄周相似”，是十分中肯的。也正因此，就如上引魏晋时的诗赋所表明的，在那个社会政治冲突剧烈而动乱频仍的时代，士人全身远害而隐逸山林，一方面，崇尚老庄玄学，追求如阮籍《大人先生传》伸张的那种理想人格：“与造化同体，天地并生，逍遥浮世，与道俱存”，批判“君子之礼法”；而另一方面，仍能服膺于孔门曾点气象，在包括园林在内的山水艺术审美理论和实践的探索中，把孔子首倡的“仁者乐山，知者乐水”的山水之乐，不断地从深度和广度上加以全面开掘，推进到了一个前所未有的境界。非常引人注目的是，于此稍后的东晋时代，水到渠成地出现了兰亭盛会这样一个历史典型，广为后世称颂。这与当时士人们在孜孜努力于儒、道、释的本末、有无、名实、形神探索的同时，为人生价值深入思考，出现祖述和宗承孔门禊赏曾点气象的现象有着密切关系，从而在传统禊事文化意义和审美价值的深度开掘中留下一道亮光。

对东晋永和九年（353年）在会稽（今浙江绍兴）兰亭进行的这次禊觞诗会，书圣王羲之以神来之笔精心书写的著名《兰亭集序》，就曾有所记述。春禊日，王羲之和东晋名士孙绰、谢安等四十余人聚会兰亭，游弋林泉，修目山水，临流浮觞，行令畅饮，歌咏情怀，得诗作共有三十七首之多，结为《兰亭集》。王羲之独创新风而饮誉于史的序，就是为这诗集所作。其中，他以平实清新的语言，还抒发了与会者的感悟，也就是身心浑融在和谐而生机充盈的宇宙胜境中，“其胸次悠然，直与天地万物上下同流”的人生愉悦：

“永和九年，岁在癸丑，暮春之初，会于会稽山阴之兰亭，修禊事也。群贤毕至，少长咸集。此地有崇山峻岭，茂林修竹；又有清流急湍，映带左右。引以为流觞曲水，列坐其次，虽无丝竹管弦之乐盛，一觞一咏，亦足以畅叙幽情。是日也，天朗气清，惠风和畅，仰观宇宙之大，俯察品类之盛，所以游目骋怀，足以极视听之娱，信可乐也。”

在序文中，王羲之还以理性的真挚，对盲从虚无主义人生态度，甚至窃唾于老庄“一死生”、“齐彭殇”的浮薄世风提出坦诚批评，表明了他对生命价值的深切关注。他指出，虽然人生“修短随化，终期于尽”，确实如庄子所说：“死生亦大矣”，但生和死、寿和夭终究不能等同，“固知一死生为虚诞，齐彭殇为妄作”。

明代王思任《世说新语序》曾说：“古今风流，惟有晋代。”现代学者宗白华《美学散步》则指出：“汉末魏晋六朝是中国政治上最混乱、社会上最苦痛的时代，然而却是精神史上极自由、极解放、最富于智慧、最浓于热情的一个时代。因此也就是最富于艺术精神的一个时代。”“这也是中国周秦诸子以后第二度的哲学时代。”

作为一个时代的典型，兰亭雅集的隽永诗文，堪称书法艺术极品的《兰亭帖》，为后世留下了会心山水的意趣，探索人生价值与审美理想的万端思绪和“郁郁乎文哉”的高品味的禊赏。后代文人有道不完的兰亭故事，在文化心理上，显现为浓浓的兰亭情结。

在唐代，有王勃《山亭兴序》：“岂从茂林修竹，王右军之兰亭”；王维《奉和圣制与太子诸王三月三日龙池春禊应制诗》：“故事修禊春，新宫展豫游”。在宋代，有欧阳修《三日赴宴口占》：“共喜流觞修故事，自怜霜鬓惜年华”；苏轼《和王胜之》：“流觞曲水无多日，更作新诗继永和”；宋人还把《兰亭集序》称为禊序，把王羲之的《兰亭帖》称为禊帖。金代，还有如张宁《上巳日游平湖》：“微微漠漠水增波，禊事重修继永和”。如此等等，实在不可胜举。后代文人对兰亭故事的钦慕，是显而易见的，就连提到禊事，也已多将古俗淡去而直与兰亭故事相联系。在清代，倾心于士文化并有很高修养的乾隆皇帝，因仰慕兰亭故事而深受影响的所作所为，或许更为典型。

乾隆数次南巡，曾亲临兰亭和右军故里瞻仰并留诗志念，其他时间也有以此为题的诗付诸笔墨。《兰亭纪事一首》：“向慕山阴镜里行，清游得胜惬平生。风华自昔称佳处，能咏于今纪盛名”；就连兰亭砚等珍玩，也题诗如《旧端石兰亭砚》：“抚欲汁流墨锈青，是谁举古刻兰亭；西清此式不一足，禊赏都因逸少馨。”又《咏和阗玉兰亭修禊图》：“逸少为文会，永和之暮春；屡经订书籍，喜见此图真”等等。在御苑中，多处经营曲水流觞之所，题诗咏颂，都同兰亭故事关联起来。西苑中南海的流杯亭，名为“流水音”，有诗云：“修禊事尚遥，漫学永和年。”圆明园中建流杯亭，名为“坐石临流”，题诗道：“白石清泉带碧萝，曲流贴贴泛金荷。年年上巳寻欢处，便是当年晋永和。”此外，亭柱还分别镌刻唐代虞世南、褚遂良、冯承素所摹王羲之的《兰亭序》，柳公权《兰亭诗》帖，明代董其昌仿柳公权书，以及乾隆自己所临董其昌仿柳公权书等；又置石刻图屏，正面镌兰亭盛会景物，上方刊乾隆《暮春题兰亭八柱册并序》，屏背面刻御制诗及注多篇。在承德避暑山庄，对康熙皇帝建置的流杯亭“曲水荷香”，乾隆垂青不已，以兰亭故事为题赋诗赞咏，甚至把它迁到了文津阁旁，以供读书掩卷后游赏抒怀。更有甚者，就在视同乾清宫的养心殿里，乾隆也“复临董其昌所仿柳公权书《兰亭诗卷》，命工摩勒上石”，用以寄托和满足其倾慕之情。即如《御制夏日养心殿诗》所说：“近政抚兰亭，即景玩词芳。”

正因如此，乾隆皇帝在宁寿宫花园中，也特意经营了禊赏亭，成为这一内廷御苑的点睛之笔，其立意如御制诗《题禊赏亭》写道：“有石巉岩有竹攒，流觞亭里石渠盘。他年辽待临王帖，视昔由今正好观。”据《日下旧闻考·国朝宫室》，禊赏亭中还“恭刊御笔临董其昌《兰亭记》”。

三、禊赏：从流杯沟到流杯亭的历史沿革

禊事原来是在郊野的河滨进行，在它特有的文化含义和审美价值被开掘出来，并得到不断升华后，就与魏晋之际山水美学的深入探索同步前行。人们揭橥并取象于郊野天然景物，经过典型化的艺术提炼和加工，使禊事的场所、仪节同这一时期园林标新立异的艺术创作一并发展。东晋谢道韫《登山》诗说：“非工复非匠，云构发自然。”曲水流觞的人工环境，于是出现在园林中，尤其是皇家园林中，成为一种新的园林游赏方式，一种新的园林景致。

园林艺术创作以禊赏为题材，从史书记载看，曹魏时在洛阳御苑中叠石建造的“流杯石沟”或“禊堂”，应是最早的事例。沈约《宋书·礼志》叙述此事说：“魏明帝天渊池南设流杯石沟，燕群臣。”稍后，梁朝萧子显撰《南齐书·礼志》引述西晋陆机说：“天渊池南石沟引御沟水，池西积石为禊堂，跨水流杯饮酒。”唐初官修《晋书·礼志》引载这话，因避讳唐高祖李渊之名，将“天渊”改为“天泉”。按曹魏鱼豢《魏略》以及西晋陈寿《三国志·魏书》的记载，这应为魏明帝青龙三年（235年）大兴洛阳芳林园时所经营，一直传至西晋。其间，芳林园后因避魏少帝曹芳讳，被改名为华林园。关于这流杯石沟，唐代徐坚《初学记》载引戴延之的《西征记》，还曾提到略为不同的情况：“天泉之南有东西沟，承御沟水，水之北有积石坛，云三月三日御坐流杯之处。”

造园用叠石来理水，早在西汉初《淮南子·本经训》就已有记载：“凿污池之深，肆畛崖之远；来溪谷之流，饰曲岸之际；积牒旋石，以纯修碕；抑淢怒濑，以扬激波；曲拂邅回，以像湡浯。”这既能使水景曲折多姿，富于抑扬动静的变化，也便于临岸亲水的游乐。四百多年后，这传统造园技艺被用来创作禊觞的园林水景新形式，既是顺理成章，也当然会有轻车熟路的发展。事实上，魏明帝兴造“流水石沟”，“积石为禊堂”或“积石坛”时，如《三国志·魏书·高堂隆传》载，还曾“凿太行之石英，采谷城之文石”，把对石材质地、色彩、纹理的鉴赏也融入叠石技艺，就是前所罕见的。

东晋也建有以禊事为题材的园林作品。《宋书·礼志》、《南齐书·礼志》以及《晋书·礼志》等记载：东晋废帝“海西公于（建康）钟山立流杯曲水，延百僚。”《初学记》则另引有《晋起居注》的记载：“海西泰和六年（371年）三月庚午朔，诏曰：三日临流杯池，依东堂小会。”这两则史料相对照，流杯曲水应当就是流杯池，“曲水”一语，显然为后出。

同一时代的北方割据政权后赵，石虎在建武十三年（347年）邺城华林园大兴土木的时候，也曾营造了一个自出机杼的禊赏环境。陆翙所撰《邺中记》曾有载述说：“华林园中，千金堤上，作两铜龙，相向吐水，以注天泉池，通御沟中。三月三日，石季龙（季龙，石虎的字。——引者）及皇后百官临池宴赏。”

到南北朝，皇家园林中流杯沟、流杯池或流觞池等，已是必不可少的内容。北魏洛阳的华林园，在魏晋芳林园故址上兴建，据杨衒之《洛阳伽蓝记》载：“奈林西有都堂，有流觞池，堂东有扶桑海。……皆有石窦流于地下，西通谷水，东联阳渠，亦与翟泉相连。若旱魃为害，谷水注之不竭；离毕滂润，阳渠泄之不盈。至于鳞甲异品，羽毛殊类，濯波浮浪，如似自然也。”其中“石窦流于地下”的做法，最早见于《三辅黄图》的记载，汉长安未央宫秘藏图书的石渠阁，就有“其下砻石为渠以导水”的先例。然而，在华林园中，流觞池同各种形式的人工、天然水体以复杂的构造联成整体，组合为景物天成而生机盎然的园林水系，并且能够裕如调节旱涝影响，则是前所未见的创意。《魏书·任城王传》还记载孝文帝在御苑引见王公侍臣，“因之流化渠，高祖曰：此曲水者，亦有其义，取乾道曲成，万物无滞。”这也无疑反映了魏晋之际禊觞曲水的审美观照，已被提高到自觉实践《论语·里仁》所谓“士志于道”的合一天人的道德修养境界。

隋代，荒淫的隋炀帝以禊饮为乐，花样离奇，影响到造园，也每见别出心裁。大业元年（605年）建洛阳西苑，《大业杂记》说：“苑内造山为海，……海东有曲水池，其间有曲水殿，上巳禊饮之所。”这个以水景为主体的御苑，在变幻万端的复杂水系中，“海北有龙鳞渠，屈曲周绕十六院入海”，构成“水景院”的园中之园，“其外游观之处复有数十，或泛轻舟画舸，……或升飞桥阁道，奏游春之曲”，也都可供禊春游乐。离奇之处又如《资治通鉴·隋纪》载：“三月上巳，帝与群臣饮于西苑水上，命学士杜宝撰《水饰图经》，采古水事七十二，使散朝大夫黄衮以木为之，间以妓航酒船，人物自动如生，钟磬筝瑟能成音曲。”同时，外地离宫也要建造禊饮之所，如毗陵郡（今常州）置宫苑，据《大业杂记》载：“其中离宫十六所；其流觞曲水，别有凉殿四所，环以清流。”《资治通鉴·隋纪》还指出：“大抵仿东都西苑之制，而奇丽过之。”

从魏晋以来，园林中流觞曲水畔，或临流或跨水，常有“禊堂”、“曲水殿”、“流杯殿”、“凉殿”等配置。这类殿堂，从汉晋以来流行的禊赏方式和审美意向分析，其原型，显然缘自郊野袚禊时临水张设的帐幕。汉代除前引杜笃《袚禊赋》所说："用事伊雒，帷幔玄黄"外，还有张衡《南都赋》说："暮春之禊，……祓于阳濒。朱帷连网，耀野映云"。晋代张协《洛禊赋》也说："朱幔虹舒，翠幕霓连，布椒醑，荐柔嘉。"禊春游乐郊野，人们为沐浴更衣、偃坐赏景、陈设酒肴等，在水滨成片张设锦帐，五彩缤纷，像虹霓般绚丽，令人赏心悦目。当禊赏引入园林创作，取象这意境，就自然形成了殿堂环绕流杯曲水的造园格局。

许多御苑禊宴诗描述这类殿堂的形式非常丰富多彩。沈约《三日侍林光殿曲水宴诗》："帐殿临春籞，帷宫绕芳荟"，其实说的就是帐篷。隋代江总《三日侍宴宣犹堂曲水诗》："绣柱擎飞阁，雕轩傍曲池"，描述的竟是华轩高阁。《邺中记》载北齐邺城华林园的流杯堂，更是华靡："此堂亦以珉石为柱础，青石为基，白石为地基，余奢饰尤盛。盖椽头皆安八出金莲花，柱上又有金莲花十枝，银钩挂网，以御鸟雀焉。"与此同时，这类殿堂中，有的还把流觞曲水从户外引进了室内。《太平御览》引《两京记》云："流杯殿东西廊，殿南头两边皆有亭子，以间山池；此殿上作漆渠九曲，从陶光园引水入渠，隋炀帝于此为曲水之饮。在东都。"事实上，这也正是唐代流杯亭的嚆矢。而这风行后世的流杯亭，非常显著的形式特征，就是把微型化的流杯渠整个纳进通敞玲珑的亭中。

《太平御览》引载唐代韦述的《两京新记》提到："西京苑内有望云亭、鞠场亭、柳园亭、真兴亭、神皋亭、园桃亭、临渭亭、永泰亭、南昌国亭、北昌国亭、流杯亭、清门亭。"由于重视历史教训，唐代御苑中炫耀功业和奢侈淫乐的色彩已极大地削弱，而更为推崇文化品位，规模虽远逊于以前各代，情趣却臻于清新而优雅，建筑以亭列名的就占了绝大多数，轻灵而飘逸，洋溢着造园艺术的一派新风。这中间，禊赏也趋向潇洒自然，禊饮之所也不仅限于流杯亭。《旧唐书·中宗本纪》载："三月甲寅，幸临渭亭修禊饮，赐群官柳棬以辟恶。"

亭应用于风景园林，魏晋之际就已脱颖而出，到唐代更为士人推崇而风靡于世。亭被视为具有《庄子·人间世》"虚者，心斋也"的价值和意义，或如《庄子·天道》："以虚静推于天地，通于万物，此之谓天乐。天乐者，圣人之心，以畜天下也。"旷达于天人之际和廊庙山林，高洁于人格理想与审美，都可在这心斋得到寄托。如唐代张友正《歙州披云亭记》就说："亭形虚无，而宾从莫之窥也。……有足廓虚怀而摅旷抱矣。"独孤及《浔阳竹亭记》也说："佳景有大小，道机有广狭，必以寓目放神为性情荃蹄。则不俟沧洲而闲，不出户庭而适。……亭构而天机畅，……景对而心驰，心和于内，事物应于外。"白居易《冷泉亭记》赞亭"高不倍寻，广不累丈，而撮奇得要，地搜胜概，物无遁形。"欧阳詹《二公亭记》指出："胜屋曰亭，优为之名也。"它"畅耳目，达神气"，"华而非侈，俭而不陋"，"事约而用博"，"袭古而增妙"，故"贤人君子多共建之。其建之多选之于胜境。"唐宫苑为这风气所染，文人园更盛况空前，不可殚举的诗文中，有园亭、池亭、山亭等等，亭竟成为园林的同义语和代名词，并深刻影响了后世的园林创作与审美。

以亭的空灵飘逸，浑融有限空间于无限空间，把有限无限巧妙地统一起来，从容创造俯仰天地、天人合一的理想审美境界，传统的禊赏就不能不促成流杯亭的风行。不仅在宫苑，在文人造园活动中风气更盛。《河南通志》载：“修禊亭，在鲁山县。唐欧阳詹为令，以三月三日集僚纵饮于此。”李德裕曾为盛誉于世的平泉别墅留有不少诗文，其中就有《流杯亭》诗：“激水自山椒，析波分浅濑。回环疑古篆，诘曲如萦带。宁想羽觞迟，惟欢亲友会。欲知中圣处，皓月临松盖。”张籍的园林诗《和韦开州盛山十二首》中，则咏及流杯亭中的《流杯渠》：“涿酒白螺杯，随流去复回。似知人把处，各向面前来。”

“随流去复回”和“回环疑古篆”的描写说明流杯亭中的流觞曲水，借鉴书法、绘画以及回文诗等艺术，已具有“掌上观文”微缩形式，显现为唐代园林艺术及审美趋向细微的历史特色。包括禊赏在内的观水，成为“士志于道”的重要道德修养内容，其传统滥觞于《论语·子罕》：“子在川上，曰：逝者如斯乎！不舍昼夜。”朱熹《朱子语类》解释说：“如水之流而不息，便见得道体之自然。”唐代的观水志道，李华《贺遂员外药园小山池记》强调：“以小观大，则天下之理尽矣。”无论是唐太宗御制的《小池赋》：“引泾渭之余润，萦咫尺之方塘；……叠风纹兮连复连，折回流兮曲复曲”；或士人如钱起《池波赋》：“寸长所及，知文在其中；方折是回，见动不过则。”方干《路支使小池》：“广狭偶然非制定，犹将方寸像沧溟。”刘禹锡《裴溪》：“萦纡非一曲，意态如千里。”等等，都鲜明显示出掌上观文的审美特色。风尚所及，魏晋时就已赋予“乾道曲成，万物无滞”审美价值的流觞曲水，便被精致微缩，甚至程式化、符号化，纳进被视作“心斋”的亭中，构成流杯亭的典型化形式特征。

宋元时都曾建有较大型的流杯殿。《宋史·地理志》载：“建流杯殿于后苑。”《元史·英宗纪》载：“至治二年（1322年）二月甲寅，以太庙役军造流杯池行殿。”然而流杯亭则更为风行。李洛非《洛阳名园记》和周密《吴兴园林记》，述及宋代洛阳和吴兴的私家园林，都有关于流杯亭的载录。北宋官刊颁行的著名《营造法式》，卷三《石作制度》有《流杯渠》，规定了“造流杯石渠之制”，卷二十九《石作制度图样·流杯渠》还刊有“国字流杯渠”和“风字流杯渠”等图样，足见当时营造流杯渠是很普遍的。从其制度“方一丈五尺”的尺寸看，则应是建造流杯亭所用，这同现存最早的流杯渠实物，即河南登封北宋行宫崇福宫遗址的流杯石渠，也规模相当。梁思成先生《营造法式注释》，就判断这是原来泛觞亭所遗存。元代陶宗仪《辍耕录》载：“隆福宫西御苑，后有流杯池，池东有流水圆亭二。”从方志、文人笔记的许多有关载述可见，流杯亭在民间也是相当盛行的。

明清流杯亭的风行，更到了惹人讥评的地步。明代袁宏道就责备：“盖古兰亭，依山作涧，弯环诘曲，流觞之地；今乃择平地砌小渠为之，俗儒之不解事如此哉！”然而撇去附庸风雅的矫揉造作，经历长期的发展，流杯渠和流杯亭实际都曾积淀了深厚的文化内涵，在很大程度上，已凝成一种特定的审美性的艺术符号。而与此直接关联的是，在历史观念发达并擅长意象性思维的文人意识中，也积聚了禊赏的浓重历史情结。这同步积淀在审美主、客体双方的深厚文化含义和审美意象，既然可使文人借由流杯亭而从容观照乾道曲成、万物无滞，会心曾点气象、兰亭故事等等，那么，相对说来，具象性地重现兰亭流觞之地，就属于次要，甚至全无必要的了。与此同时，在明清的造园艺术实践中，人们早已习惯并倾向在狭小的空间里，拳山勺水、芥子纳须弥地精心构造壶中天地，这样，流杯渠和流杯亭，浓缩了隽永的历史文化蕴涵，作为特殊符号，运用于小型园林，也正同诗文中运用成语典故一般，其价值和意义，当然不能轻易否定。而这种独特的价值和意义，作为园林创作的构成要素，通过匠心独运的经营，当然也能得到充分发挥，取得艺术上的成功。在这方面，宁寿宫花园中的禊赏亭，就是一个相当成功的典型范例。

四、禊赏：从宁寿到遂初的历史隐喻

宁寿宫花园建于乾隆三十五年至四十四年（1770 ～ 1779 年）间。当时，乾隆帝已年逾花甲，为践行他临御六十年即归政退位的“素志”，预先葺治了宁寿宫及宁寿宫花园，以待归政后燕居憩息、颐养宁寿。建筑题名“遂初”、“倦勤”、“符望”等等，以及乾隆为这些建筑所作的有关诗文，都强烈透射出这个宫中苑以士大夫的隐逸观念立意，模拟文人园林而经营的性质。而在文化所谓“大隐”即“朝隐”、“中隐”即“市隐”、“小隐”即“野隐”等不同的隐逸境界中，宁寿宫花园作为太上皇的归隐之所，如乾隆在其御制《符望阁诗》中所说：“耄期致勤倦，颐养谢尘喧”，其取象于大隐即朝隐，虽处魏阙紫闼而无异林泉丘壑，则是不言而喻的。

宁寿宫花园处于大内深宫，东依宁寿宫，西界高达 8m 的宫墙，基地狭长，东西宽不及 40m，南北却长达 160m。由这特定的环境所决定，整个花园沿纵深方向划分成前后串联的五进院落，以第二进院落的遂初堂居于中心，精美的禊赏亭，则布置在第一进落西侧，背靠宫墙，东向院落的中心。至于宁寿宫花园的建置情况和造园艺术成就，已有很多史籍和今人的论著，曾详略不同地谈到，已不必重复。这里应当强调的是，宁寿宫花园中的禊赏亭，通过精审的布局和造型处理，含义深沉隽永的用典，凝聚着禊赏的历史渊源、情结和流杯亭的历史沿革，赋予了意象思维的丰富内容，对这个花园的整体立意和构成，起到了画龙点睛的作用，堪称艺术创作中匠心独运的典型范例。

除了经营位置、环境处理和造型形式等方面的种种精湛技艺而外，禊赏亭的立意，出于乾隆皇帝的雅好，首先是着眼于兰亭故事的意境，结合现实条件加以摹写，具有艺术性意象符号的形式特征，是显而易见的。这座流杯亭直接援名于传统的流觞，和其他如西苑的流水音、圆明园的座石临流以及避暑山庄的曲水荷香等流杯亭命名较为含蓄有所不同，实际是出于宁寿宫花园整体立意的精心构思，这样，在全园空间逐步展开的序列中，也就能够以禊赏亭来直接彰明兰亭故事的心曲，借喻历史文化含义和审美价值，极为儒雅，也高屋建瓴地突出了整个花园效仿文人归隐而不忘“士志于道”的“心斋”意象。

宋代邵雍《小圃睡起》曾说：“有水园亭活”，精辟道明了园林艺术理水的要旨。囿于大内深宫的宁寿宫花园，虽几乎无水可理，然而置于全园醒目地位，体量和造型也格外突出的禊赏亭，却以一缕清渠，更以“禊赏亭”题额隐喻着流觞曲水，直泻游人心目，十分精明地化解了花园乏水的缺陷。与此同时，全园沿进深分成五个景区，将禊赏亭安排在第一景区显要位置，水的意象便能伴随着鲜明的记忆，唤起流而淌入各个景区的意识，这极富藻思的谋篇布局，也非同凡响地取得了造园艺术上的成功。

和其他御苑中流杯亭的命名不同，禊赏亭着眼于全园的整体立意，用典于“禊赏”的精妙，还在它以“禊”的古谊而隐喻“寿”，更进一层，则由“禊赏”致于“宁寿”，使花园同它所从属的宁寿宫，关联既十分密切，又优雅婉转，洽似曲水，极富诗意地凭添了隽永的古韵，融注了士大夫的逸情高志，从而丰富并升华了这一内廷御苑的审美境界。

事实上，为乾隆皇帝所深谙，“禊”原来就是洁身除邪去疾，祈求安康宁寿，后来曲水流觞的禊赏活动，也仍然承袭了禊事这宁寿的本谊。如晋阮瞻《上巳会赋》写道：“祈吉祥于斯涂，酌羽觞而交酬，献遐寿之无疆。”刘宋颜延之《三日曲水诗序》说：“上膺万寿，下禔百福。”南齐王融《三日曲水诗序》云：“清歌有阕，羽觞无算，上陈景福之赐，下献南山之寿。”沈约《三日侍凤光殿曲水宴诗》曰：“川祇奉寿，河宗相礼。”晚年的乾隆，虽曾踌躇满志地以“古希天子”、“十全老人”自诩，然而面对寿终正寝这个不可抗拒的人生终途，祈求宁寿延年，也不能不成为他的一大心愿。在宁寿宫和宁寿宫花园的经营构思中，通过用典，以“禊”隐喻祈寿，来寄托和表达他的心愿，就很典型地反映了这一点。而“寿”与“禊”关联，另如其御制《养和精舍》诗“洁治宁寿宫”一语，所特地运用一个“洁”字，也正是“禊”的本谊。

更进一层，在乾隆看来，像历代文人高士那样旷达，逸情于园林之乐，正如乾隆宁寿宫乐寿堂“与和气游”的题额、“亭台总是长生境”的楹联等所彰明的，则是颐养心性而求得长生的现实途径之一，这也正是由“禊赏”而“宁寿”的喻意所在。

这里的“赏”，其实就是审美观照，“禊”的意义便赖以引向了曾点气象和兰亭故事的崇高审美境地，也就是身心浑融在和谐而生机充盈的天地胜境中，在“其胸次悠然，直与天地万物上下同流”的人生愉悦中去求得“宁寿”。不言而喻，乾隆的这种文人士大夫的理性精神，同历史上不少皇帝求仙拜佛、甚至冒险服食丹药以图长生的愚妄之举比较起来，毕竟高明多了。禊赏亭用典“禊赏”的精明，还在以它来隐喻“遂初”，同居于全园中心的遂初堂的立意十分有机地关联起来。

遂初，缘自士人的隐逸文化，直义为去官隐居，得遂其初愿；而得遂隐遁的意愿，又称“遂隐”，是遂初的衍义。最早在西汉，刘歆曾作《遂初赋》，表达了他的这种超凡出俗的意愿。东晋时兰亭雅聚的名士，王羲之的好友孙绰，少有高尚之志，雅好山水，居于会稽，逸情丘壑，游放林泉十余年，作《遂初赋》敷陈其志，引为自得。几乎和兰亭故事相伴，孙绰的遂初之志，备受后世文人士大夫仰慕。遂初由此成为观照和标榜隐逸生活方式的一个重要典故。《宋史·尤袤传》载，尤袤历仕三朝而官居显要，至死不得去职，而归隐志趣弥深，于是“取孙绰《遂初赋》以自号，光宗书匾赐之”自称“遂初居士”，居室名“遂初堂”，连其文集也题为“遂初小藁”。元明时，文人高士也纷纷效仿于此；如归有光《遂初堂记》，还就遂初谈到了由古及今君子的“隐、处之思”，指出：遂初，实际就是君子“高世遐举之志”。

乾隆皇帝深受文人士大夫隐逸观念影响，在诗文和园林景物题名中常有很鲜明的而表现，借以标榜其修养高雅。他当然也深谙遂初典故的。他对宁寿宫花园遂初堂的命名，虽曾反复强调初衷是希望如愿临御六十年而归政退隐，但将遂初堂布置在“耄期致勤倦，颐养谢尘喧”的燕居憩息，颐养宁寿之所的中心，用典遂初，实际也强烈地体现了这座花园取象大隐，虽处魏阙紫闼而无异林泉丘壑的立意。同这个立意直接关联，在遂初堂之前，通过禊赏亭用典所深蕴的历史和文化内涵，在园林空间层次的组织程序上，便十分自然地投下了由禊赏，而兰亭，而孙绰，而遂初，而归隐，而“高世遐举之志”的心迹；后园萃赏楼、符望阁、倦勤斋等等建筑和景物，为这心迹导引，也就在隐逸这个主题上，逐步展示为更臻丰富和深沉隽永的境界。在这个审美观照的历程中，禊赏亭的经营位置和用典，巧妙发挥了举足轻重的作用，就造园艺术而论，显然是极富藻思的意匠杰作。

参考书目

汉语大字典编辑委员会编《汉语大字典》，四川辞书出版社、湖北辞书出版社，1993年版

商务印书馆编辑部编《辞源》，商务印书馆，1979年修订版

符定一著《联绵字典》，中华书局，1954年版

唐·徐坚等编《初学记》，中华书局，1962年版

唐·欧阳询撰《艺文类聚》，中华书局，1959年版

宋·李昉等编《太平御览》，中华书局，1990年版

梁·萧统编，唐李善注《文选》，中华书局，1960年版

清·蒋廷锡等编《古今图书集成·考工典》，中华书局，1934年版

清·严可均校辑《全上古三代秦汉三国六朝文》，中华书局，1958年版

清·段玉裁著，汉·许慎撰《说文解字注》，上海古籍出版社，1981年版

清·郝懿行等注疏《尔雅·广雅·方言·释名》，上海古籍出版社，1989年版

《二十五史》，上海古籍出版社、上海书店，1981年版

《十通》，浙江古籍出版社，1988年版

宋·司马光编著《资治通鉴》，上海古籍出版社，1987年版

清·顾炎武著《历代宅京记》，中华书局，1984年版

杨伯峻著《春秋左传注》，中华书局，1981年版

中法汉学研究所编《风俗通义通检》，上海古籍出版社，1987年版

清·孙诒让撰，王文锦、陈玉霞点校《周礼正义》中华书局，1987年版

清·刘宝楠撰，高流水点校《论语正义》，中华书局，1990年版

杨伯峻《论语译注》，中华书局，1980年版

清·彭定求等校《全唐诗》，中华书局，1960年版

日·冈大路著，常瀛生译《中国宫苑园林史考》，农业出版社，1988年版

张家骥著《中国造园史》，黑龙江人民出版社，1986年版

王毅著《园林与中国文化》，上海人民出版社，1990年版

清·于敏忠等编《日下旧闻考》，北京古籍出版社，1983年版

《清高宗（乾隆）御制诗文全集》中国人民大学出版社，1993年版

《避暑山庄图咏》，河北美术出版社，1984年版

《圆明园图咏》，河北美术出版社，1987年版

天津大学建筑系编著《清代内廷宫苑》，天津大学出版社，1986年版

高鈞明、覃力著《中国古亭》，中国建筑工业出版社，1994年版

于倬云主编《紫禁城宫殿》，商务印书馆香港分馆，1982年版

于倬云、傅连兴《乾隆花园的造园艺术》，载《故宫博物院院刊》，1980年3期

许以林《宁寿宫的花园庭院》，载《故宫博物院院刊》，1987年1期

王时伟（右）与胡洁（左）

后记

北京乾隆花园坐落于紫禁城东北的宁寿宫内西路，建于乾隆三十六年至四十一年间（1771～1776年），是故宫四个内廷花园之一。它是中国古代园林史上不可多得的名园，亦是清代皇家内廷宫苑造园艺术的杰出代表，为后人研究清代帝王造园思想，尤其是乾隆造园思想提供了珍贵的研究实物。

为了更好地保护乾隆花园承载的物质和非物质文化遗产，我们应用现代测绘技术，从风景园林的专业视角，历时七载，完成了对乾隆花园全方位的详细测绘。具体工作包括对园内假山石的精准测绘，通过精准测绘和研究，对假山石的管理和修复提供了准确的参考信息；其次是对园内现存植物、摆件和铺地的三维信息收集。这些基于现代测绘技术的三维信息成果不仅对中国古典园林研究起到了重要的推动作用，还将影响到未来园林设计的教育体系。

回想著名建筑学家、教育家、清华建筑学科的开拓者和奠基者梁思成先生，他在艰苦的战争年代对中国众多古建筑进行了勘察、测绘、制图，及撰写调查报告与学术论文等工作，其对于中国古建筑艺术的保护做出了忘我的投入，倾尽了毕生的心血。我的父亲胡允敬先生是梁思成先生在清华大学创办营建系（后来的建筑系）后的第一批教师成员之一，他参与了新中国成立初期一系列历史文化遗产实地调研工作。我的母亲杨秋华先生是清华大学建筑系首届学员，后来成为清华大学城市规划与设计系的教授。他们身上秉承了梁思成先生对于中国古建筑艺术的研究与保护的家国情怀，这种精神对于我有着深刻的影响。且此次的测绘工作也是由我母亲的同学——茹静华先生引荐而始。受到老一辈建筑学者对于我国古建筑艺术传承与保护的奉献精神的鼓舞，我们在前期经费缺乏的情况下还一直坚持对乾隆花园的勘察、调研与研究探索工作，以期通过精确的全方位测量，实现乾隆花园全景数字化重建。

在乾隆花园的测绘过程中，我们不仅全面应用已有园林测绘技术，包括实地测量、全站仪、测距仪测量、水平尺测量、三维激光扫描仪、摄影测量等方法，我们还尝试了虚拟现实技术，及自动点云识别和配准等现代测量技术。

回顾乾隆花园的测绘过程，工作方法从无到有，测绘技术从传统方法到三维技术，点点滴滴的尝试和积累才有了现在的技术路线，在不同阶段，各位项目成员都贡献出了自己的智慧和汗水。正是有大家的智慧和贡献才有现在的测绘成果和未来新技术应用的基础。2016 年中旬我院又接受了御花园三维数字化测绘和研究的工作任务，在下一步工作中除了继承已有的工作方法和技术，针对不同的环境场景又要解决新的问题，因此采用更新的数据获取方法势在必行，色彩校正系统，真彩色点云系统等新技术都将应用于御花园的数字化项目。

新技术发展日新月异，三维测绘方法和应用领域也随着技术的发展而扩大，工作效率随之提高。中国古典园林博大精深，实体文物是文化遗产的承载者，随着时间的推移，实体文物的损毁和自然消亡是自然规律。利用现代技术可以完整记录和保存实体文物，让子孙后代能通过先进技术了解到这些文物的原始状态，在遭遇类似焚毁、坍塌、风化等悲剧后，还能提供详细三维数据为古建筑重建提供数据支持。

完成故宫乾隆花园的三维数字化仅仅是一个开始，文化遗产的保护和传承任重道远。

我们希望能在以后的工作中将古典园林数字化存档、数字化再现与 VR 等新技术更好地结合，并在工作中继续发挥本团队专业优势，希望能与国际上相关的建筑、园林、考古、遗产学等专业委员会进行合作，将此项研究工作与国际接轨，通过新技术把传统文化发扬光大。

胡洁

2016 年 8 月

图书在版编目（CIP）数据

数字化视野下的乾隆花园 / 王时伟，胡洁著 .—北京：中国建筑工业出版社，2017.10
ISBN 978-7-112-21254-5

Ⅰ . ①数… Ⅱ . ①王… ②胡… Ⅲ . ①数字技术-应用-故宫-古典园林-文物保护-研究 Ⅳ . ① K928.74 ② TU-87

中国版本图书馆 CIP 数据核字（2017）第 230010 号

责任编辑：杜 洁 兰丽婷
责任校对：李美娜 李欣慰

数字化视野下的乾隆花园
故宫博物院
北京清华同衡规划设计研究院
王时伟 胡洁 著

*
中国建筑工业出版社出版、发行（北京海淀三里河路 9 号）
各地新华书店、建筑书店经销
北京雅昌艺术印刷有限公司印刷
*
开本：965×1270 毫米 1/16 印张：20½ 插页：1 字数：425 千字
2018 年 1 月第一版 2018 年 1 月第一次印刷
定价：480.00 元
ISBN 978-7-112-21254-5
(30883)